四眷流亡路

一九四九外一章

王臨冬

謹以此書獻給

先父王新光

先母李成秀

王臨冬全家福。

陳誠副總統召見張子靜校長及學生代表。

往昔於富國島攜手共度的師生們，多年後在台北重聚。

前言

劉綺君

中國古代傳奇裡有一個眾人皆知的先例，是一位名字為花木蘭的女兒，穿著男裝，代父從軍。這篇序言應該是而且當然是由我父親來寫，但是他數年前早逝，現在由我越俎代庖代表我們全家，在母親此書出版之際，分享一些想法。母親與父親一起流亡成為學生難民，也彼此成為人生伴侶。我對父親未能以其更盛的文采，在本書中留下優雅的詞語而感到遺憾不已，也因父親從我們子女以及孫兒們的生命中永遠缺席，感到非常失落。

多年之前，因父親自德拉瓦大學退休，與母親一起搬到新家，這本書的手稿因而跟著遷移，稿件幾乎有一英吋厚，整疊稿子就這麼被收藏在壁櫥裡。隨著時間更迭，稿紙逐漸泛黃脆化。每張稿紙雖不像宣紙那樣纖弱，但仍變得單薄易碎。幸運的是，二十世紀的八〇年代中期，在一次重返台北的家庭旅行中，這將近十萬字的一堆稿紙，經由影印裝訂成一本書。直到二〇一三年，全書稿才交付給聯經出版公司。

當我們三個孩子長大並且變得更加獨立之後，母親開始寫作。她長年對家人付出所有心血，經營一個家、烹飪美味的家常菜，縫製孩子們的許多衣服，並且開車載我們參加許多課後活動，終於有更多屬於自己的時間。我們都還記得她坐在我們餐廳裡那張大木桌旁。（如果沒有那場暴雨淹沒當地的列維茨家具倉庫，媽媽無法以清倉價格買下這些物品，我們也就不會有這麼漂亮的桌子，更不用說任何其他的好家具。這便足以證明即使家庭預算有限，她還是能夠聰明維持這個家！）

母親撰寫的散文投稿到《聯合報》和《中央日報》副刊並第一次獲得採用時，我仍然記得她很激動地看到自己的名字印在報紙上。之後，她投的每篇散文都被留用並且刊登。由於「真實」是母親的寫作風格，且能生動描述過往時光和生活中的人們，因而獲得多方讚譽。

我可以深刻體會到母親的寫作天賦，在二十世紀的八〇年代，我曾將她的一篇散文〈別〉從中文翻成英文，以便讓我的兄弟和家族可以讀到她所經歷的生涯。我年紀很小時就隨著爸媽移民，離開台灣，在美國長大，我會說國語，但沒學過中文讀寫。對於已是成人的我來說，學習語言既漫長且耗時，但努力付出後的獎勵很棒——能夠以母語了解我的母親，無需依賴中間人的翻譯，我感激能有一個窗口看見她的情感和記憶。身為一名文學學生，我非常欣賞她以作家身分所使用的寫作技巧。

直到最近，我才問母親很久之前就應該問的問題：為什麼她願意坐著書寫成千上萬的字？我認為這書應是她的回憶錄。但母親糾正了我，她強調說自己並不打算寫一本「自傳」，會書寫是為了記錄所經歷的過往，並記錄了中國是她的家鄉，還有國家的善良百姓。這些都是她生活的一部分，也是時代、社會和文化曾有過的記憶。母親留給我們一個關於中國的時間膠囊，而那些人事物早已隨風消逝。

我珍視母親以典型女性的語態，將那時代的混亂內戰、流亡、分離和失落等等，透過文字賦予永恆的生命。我們過去不時聽過那些人事物，他們的存在證實人類的精神能勝過逆境，以及為了生存下去而持有的意志。我曾問母親，她自己逃離中國共產黨將近五年，隨後被拘留在當時法屬殖民的越南難民營，為什麼還能夠繼續前進？她的答案既敏捷又簡單：未來的發展一定會比她原來的處境更好。雙親遭受苦難，終能讓子女和孫兒們自由自在地活著，說明了機會遍布在生活周遭。

我一直認為母親的散文代表一個重要的聲音：一個人以行動代表意見，與國民黨一同前進，離開共產黨統治的中國。我總是半開玩笑地說，她寫的任何一本書，其書名應該是「長征，在另一個方向（Cross-Strait Relations）」。與她同個時代的難民裡頭，沒有太多作家講述人們逃離厄運，可他們沒有福氣能逃到台灣。相隔七十年，所謂的「兩岸關係」變化極大，母親的著作見證在何時、針對誰，並的確發生了些什麼。

但最重要的是，我很感激聯經出版公司讓我們現在有了這本書，因為母親在書中記錄了我們家的故事，並寫下我們對祖先的回憶。無緣認識親屬是極大的損失，身為晚輩，尤其對於許多我們這樣移民和生在異國的子女，總是被剝奪認識血緣親屬的機會。我們和中國親屬不只隔著台灣海峽。

因此，透過本書，我們不僅分享自己的家族故事，也分享了改變中國和世界歷史的時代故事。中國古書《道德經》中有一句諺語「千里之行，始於足下」，這是我母親邁出告別的第一步，就是這一步，我們家才能擁有今天的一切。

（本文作者為王臨冬之女）

序

祝福的心聲

徐榮璋、郭至卓

時代變遷快速，作者的流亡往事，儲藏至今，若依部分今人的看法，就變成了不被重視的過時廢話。但若在與大陸尚未開放探親交流前，就不一樣了，閱讀者雖不是自己親歷的逃亡潮，亦得深知流亡之苦。日前在大陸上，很多年輕人認為解放了，就解放了，哪還有一個學校、一些學生流亡到海外呢！因此引起了他們的重視。時轉勢移，兩岸現在文化交流密切深入，情勢已有所改變。《回首流亡路》所敘述之流亡故事，能讓你了解當時烽火煙硝，能提高你的閱讀趣味與喜愛。

平實而言，這是一本很有價值的戰爭真實逃難故事書。蓋書中所敘之苦難已逾人性承受痛苦之極限，命懸一線，沿途戰死、病亡、失蹤、失散、被中共遣返回鄉者不計其數。從五千餘人，到最後僅剩百餘人，死傷不知所終之慘況不敢直視。但你可視它為一部歷史小說，亦可視它為一部虛擬故事。總之，作者寫得真實、動人、細膩，可看性非常高。故敢請讀者細讀，一來欣賞作者寫的動人故事，二來可鑑別當年的人心向背。

作者王臨冬女士，係河南省南陽縣人，父親王新光，母親李成秀，國立豫衡聯合中學及台灣中興大學畢業。其夫劉岱係研究西洋史著名史學家，為豫衡學長，台大畢業，第一屆中山獎學金公費留學，並留美執教，曾回國任客座教授，執教台大、政大。夫婦育有二男一女。作者王女士除相夫教子，多以寫作為主，其早期作品，散見當時的《中央》、《聯合》、《中華》各報副刊。二〇〇一年集文為書，出版《歲月風華》一書，三百餘頁，十多萬字，為一極優良之散文集。作者在《歲月風華》書中，曾就其簡歷往事這樣寫道：「從出生到成長，中國人是遭逢著一個很不平常的時代，我像是一葉扁舟，在這個波濤翻騰的洪流中飄搖。身經兩次的戰禍，我有著一個不尋常的經歷，日本的轟炸和敵人的騷擾占去了大半個童年，勝利像曇花一現，很快又捲在內戰的烽火裡，故鄉宛城成了國共拉鋸戰的戰場，正當勝利復原後學校正上軌道，大家都做著兩年後升大學的美夢，我們學校是城裡的唯一私立女子中學，學生全都住校，設備好，師資好，管理嚴格，家鄉女子讀書還不是那麼普遍，所以能在女中讀書的，可說都是當時的天之驕子，多數人的未來目標和志願，都是畢業後考河南大學。不幸的內戰不僅破碎了我們的美夢，更把我們湧向了一條流亡的不歸路，我們沒有自主，亦步亦趨的隨著國家的命運流轉。」

回憶七十一年前，國共內戰熾烈，中原成為國共內戰的主戰場，自宛東會戰後，徐蚌會戰前，河南、安徽、江蘇等地情勢緊張，作者家園南陽一帶情勢更形險惡，一九四八年十一月初，河南省南陽縣駐守國軍第十三綏靖區司令王凌雲將軍奉命撤退南調。南陽全城十四所公私立高、初中師生共五千餘人亦奉令南遷，辭別了父母、親人，每個學生揹著個小包包，隨國軍南下，開始走上逃難流亡之路。

本書自〈孤城南陽棄守〉開始，到〈無限欣喜回台灣〉結束，共分五十三節。其重點為：襄沙道上的風雪飢寒交迫；長江浪花翻騰，江南民俗醇厚，風景秀麗；八百里洞庭水天一色，無際無涯；長沙都會城市榮景；秀麗江南，看不盡美景，經過衡陽到零陵，復校上課，散居鄉下，又逢雨季，初到江南水土不服生病者多；遷到零陵城內，上課、娛樂生活改善很多，但主副食欠佳，溫飽不定，很多同學去從軍了。

二次南遷：從零陵出發，第一批於一九四九年十月出發，第二批就出不來了。步行到黃沙河乘坐火車皮（頂）到桂林，稍停即到柳州、金城江，前去貴陽不通，後退柳州無車。即隨國軍九七軍二四六團徒步行軍深入廣西西南之苗瑤山區，在山區隨軍左轉右轉遭遇到最慘烈的半個多月。十二月初師生受困中越交界之十萬大山主峰公姆山上。因雙方開火交戰，致師生大分散，僅少部分師生自中越交界之隘店進入越南，被拘禁在北越蒙陽。

「蒙陽」——法國人在北越設立之集中營，師生百餘人與其他軍人百姓數萬人同被拘禁在此營區內。吃不飽，滿身疥癬。初被編入青工團第三隊。是在越南最苦的半年。

「金蘭灣」——一九五〇年六月遷到越南中圻金蘭灣，隨即復課，這裡氣候、飲水特別好，生活大有改進，聖誕節曾舉行絕食三天，以爭取回台灣。為使金蘭灣營區學齡兒童就學，遂成立小學部。

「富國島」——在越南南部，暹羅灣內一個長三角型小島。有市鎮、華僑、機場。主副食改善很多。本校小學部同學併入中華小學，中華初中同學併入本校上課。準備回台。

「歡欣回台」——坐招商局海蘇輪回台，辦理入境手續，接受各界歡迎，河南同鄉會、大陸救災總會、教育部等單位。學校復校不成，張校長子靜被聘為教育部編審，高三同學留台北升學，其餘師生併入員林實驗中學就讀。

綜觀作者在流亡過程中，不僅對事物觀察入微，異於常人，且國學根基深厚，文筆流暢，更能將水深火熱親受其害的艱辛過程寫出來，使讀者如親臨其境感同身受。此細緻、動人的文筆，係作者聰慧寫作之表現，亦係實際惡劣環境之表徵。此不僅係作者的成就榮耀，也代表著豫衡聯中有這樣傑出之校友，我等同學與有榮焉。然作者畢竟身患帕金森病症，手抖、身體僵硬，寫作本書之艱辛，可想而知，然其寫作之精神及毅力，令人敬佩。唯用字遣詞、文意思考難免欠周，尚祈方家不吝指正。

作者王女士年高體衰，久居國外，遠隔重洋，自不能回國處理出版印刷事宜。承豫衡聯中校友聯誼會長徐榮璋學長鼎力協助籌畫，與出版公司訂立契約，付梓出版，得以完成作者晚年心願。

最後，作者王臨冬女士及其女劉綺君，數度表示特別感謝聯經出版事業公司林載爵發行人同意出版，以及編輯組陳逸華主任的協助。另外也感謝國立豫衡聯中校友蔣蘊琳、張珺、曹玉蘭、李世湘、趙連發，曾永介以及協助出書之諸位校友。

目次

孤城南陽棄守

農曆十月一日，在鄉村裡是田主和佃農新訂合約的日子，每年這一天，田主新換佃農，或者是佃農另找主人，交接都在這一天。因此在鄉間就形成了一個很隆重的節日。每年這一天，不管是迎新或惜別，田主們都設宴請客。請佃農之外，再請些鄰里親戚們，大家聚在一起歡樂，互祝來年吉祥順利。自我們搬到城裡以後，母親似乎把這個節日也帶到城裡來了。每年她都準備豐盛的菜餚，把幾家近親請來過節。

今年她又不例外的請親戚們來過節。一大早就把那個高高大大燉肉的砂鍋拿出來了，除做其他的菜外，她計畫著再燉一鍋羊肉和蘿蔔。她說天冷了要給大家補冬。中午我放學回來，那一鍋燉肉的香味撲鼻而來。如是往年，聞著這股香味，想著親戚們帶來的熱鬧，不知會高興成什麼樣了。我是最喜歡家中有客人了，也最喜歡熱鬧的。可是今天我心中一點也快樂不起來，也沒有一點胃口。

今天學校裡很不尋常，老師們都沒心講課，同學們更一個勁的要老師們講時局。教室內、校園裡，一個個同學的面孔都是愁苦的，有的人更是暗自在飲泣。往日那活潑的歌聲笑語，全沒有了。特別是地理課的王老師，在黑板上畫個南陽和鄰近縣城的圖，然後用粉筆在那鄰縣上打叉叉。一邊打一邊沉痛的告訴大家這裡失守了，那裡失守了，畫到最後，用粉筆狠狠的把南陽畫個大圈圈，然後很沉痛的說：「我們這裡現在成個孤城了。縣城對外的交通，只有北關外這個飛機場了。局勢就像河水已越出了河堤，在慢慢的向外氾濫，遲早會濕到腳的。安定的日子不會太久了，你們大家要做心理準備。」

數月來住在城裡的守軍，就像拉鋸一樣的攻攻守守。從遠處的槍砲聲和抬進來的那些血淋淋的傷兵身上看，這個城雖沒有陷落，卻早已籠罩在戰爭中了。王老師的話更使大家焦慮、沉重。今天母親在宴客，回家來我沒有告訴大家從學校聽來那些掃興的話，只草草吃了點東西，就又上學去了。午後上兩小時的課，校園中就有些混亂的樣子。原來校長在軍部參加了緊急會議，軍部宣布這個城將於明天撤退，除了老弱幼小，其他黨、軍、警、行政人員、學校，全部撤離。沒想到王老師的話轉眼變成事實。這個集體逃亡的消息震撼了每個人的心，特別是和家中失去聯絡的同學們，都痛哭失聲起來了。校長要大家鎮靜，命走讀的同學回家去做準備。住校的同學清點身邊所有，明晨一早即出發。聽了校長的話，我跟著走讀的同學往回家的路上走，街上的人們都有點驚慌失措的樣子，大難就要臨頭的恐懼寫在每個人的臉上。

我真不知道如何把這個消息告訴母親。我和她原是相依為命的。鄉下的家早被出沒不定的八路切斷了去路，祖父和姑母音信全無。父親曾一度往省城受訓，被層層的戰火隔絕了很久。省城陷落後，他死裡逃生的回到了家中，住不到月餘，南下到蘇州去另謀事情了，弟弟隨後也去了蘇州。我們住的是他已辭職的機關，房子一半是守軍和眷屬占有，一半是收容了鄉間逃來的仕紳和讀書人，擁擠得像個難民營。我和母親也只有一間房的住處，而這間房子，除了床上是空間外，其他地方，從地面到屋頂，全是堆積著鄉親們寄存的東西。箱子、包袱、大件小件的、細繩紮著的、粗繩綑著的，五顏六色，擠在一堆，也像是一群難民，躲在這裡求保護。

我走到家中，院子裡的駐軍和眷屬們，都在忙著收拾東西，有行軍在即的樣子。那些鄉下來的逃難者，個個慌慌張張不知所措。我進入房門，看見母親正坐在床邊上，兩手交叉著，一臉焦灼。原來縣城要放棄的消息她也早知道了。幾天來，她正鬧著牙痛，半邊臉腫得像半個皮球，連臉皮都腫得明亮發光。她還懷著六個月的身孕，她的下腹部很明顯的已向外突出很多了。在這種情況下，我真不知道該不該說出學校要隨軍撤離的消息。最後，我鼓足了勇氣，還是說了，一時矛盾的愁緒，層層的把我們捲著了。讓我跟著學校走，或是留下來，或是母親也跟著我們走，問號擠滿了一腦子，誰也不能找出個妥當的答案。我看看她那腫得發亮的臉，高起的腹部，再看看她那隻放開一半的小腳，心裡更是疑慮母親能走嗎？就是能走，又能走多遠呢？我連一點主意都拿不出來了。

母親能吃苦，能耐勞，她全身都是堅毅，這是我心中的母親。我拚命在回憶裡去搜索，加強她能跟著我走的信心。記得我在初中二年級時，在學校住宿，突然生病高燒，全身出滿了如棗子大的疹塊，母親知道了，冒著大雨，走了五十里泥濘的路來到學校照顧我，想到這件事，我就堅強的對母親說：「媽，您能走。」母親看看我，看看她自己，又環顧了滿屋子堆著的東西，自言自語的說：「我能走嗎？」隨著她低沉的聲音，我冷靜的再看看她那隆起的肚子，此時她可不是輕便的身子啊！我又陷落在矛盾的深淵裡。

在萬般無奈中，我們草草的做了點晚飯吃，就決定去找一位近親。他們是祖母的娘家侄兒，自搬到城裡後，母親同他們的媳婦成了忘年之交，有重要事，都會和他們商量。如他們逃走，我就讓母親跟著走，如他們留下來，母親也就留下來，好由他們照顧。

有了這個念頭，我們就即刻出了門，往街上走。初冬的夜，天黑得特別早，太陽的熱力已經減退，入夜了再沒有一點餘溫，寒風更乘機使威。大門左邊那個熱鬧的夜市，今晚沒有了，那叫賣各種美味食物誘人的聲音也沒有了，只有被陣風捲起的陣陣沙沙作響的飛沙。街邊上往日提著籃子，籃子上掛著燈籠那些賣燒鴨、鹹牛肉的人也不見了。整條街被黑暗籠罩著。兩旁的生意店舖原不是這麼早就關門的，就是關了門，那一線線由門縫裡透射出來的光線，也使人覺得這條街還是活生生的，就是天再黑，門裡戶外還是有笑語人聲。街上從沒有這樣死寂過。我和母親被冷風吹得不自主的往一塊縮，手用力的握著，黑暗中跌跌撞撞的往前摸索。我心亂如麻，耳邊不時傳來凌亂的犬吠聲，聲音裡帶著驚恐，也有著些悽惶，牠們也許是為這不尋常的無光的夜感到不安吧！犬吠聲更讓人心亂。那些為拉東西困在城裡的牛，也在黑暗的角落裡發出哞哞的長鳴，一聲聲好像往人心上倒離愁，更使人有大難臨頭的感覺。憑著白天的經驗和記憶，好不容易摸到了表娘那個店舖的門前。敲開門，這個平日生意興隆的店鋪，此時也被愁雲籠罩著。貨架上的東西凌亂不堪，地上有打好的包，也有裝好的木箱。表伯站在正爬了一半的梯子上向我們打招呼，母親示意讓他忙他的，他繼續往上爬，從高處再往下拿貨物。表娘正用手帕擦眼淚，看見我們進來了，忙走到後面去搬椅子，七嫂一臉苦悶的坐著，兩個孩子哭兮兮的抱著她的兩條腿。他們平時見我們來了，都笑嘻嘻的撲上來，今晚被大人們的愁容悶得活潑全消失了。七哥瘦削的身體，今晚看上去更瘦了，兩隻手按著他那分得很開的膝蓋，上身往下蜷縮著，沒有肉的臉上眼睛顯得無神的圓瞪著。原來他們一家也正為逃走、往哪裡逃，或是停下來，如何處理店和家在徬徨無主中。

我和母親坐定後，表伯抱著一盒子腳踏車零件，從梯子上下來。他像是自言自語：「這都是鋼鐵材料，帶不走把地上挖挖埋下去就是了，日本人來時，我不是也埋過嗎？勝利後挖出來，還完好的，可以照賣，照用，一點也沒有糟蹋。」他剛住口，表娘狠狠的擤了一下鼻涕，很不滿意的說：「八路可和日本人不一樣啊！你沒聽過，很多家屋子裡的地都被挖了幾尺深，就怕你埋東西。」表伯的計策一下子被她拆穿了，立刻一臉失望，一聲不響了。表娘更悲從中來，嗚嗚咽咽一把抱著母親的胳膊哭著說：「你表嬸，我以為日本鬼子走了，可以過兩年好日子。他爺兒倆修修腳踏車賺些工夫錢，再往返的跑上海、跑漢口買貨物賺錢，兩年來也真是抓著錢串了。」抗戰期間由於對外交通斷絕，這個商業本很繁盛的城市曾死寂了一陣，勝利後又活躍起來了，不少人就靠著一部腳踏車跑上海、漢口，往返帶貨物，兩邊取利都發了財，七哥的生意就是這樣興隆起來的。表娘又接著說：「這個店面原是租來的，如今已買下來了，日本炸毀的房子修復了，家也住定了，哪想到又要逃難！」她越說越傷心，母親想勸都停止不了她的話。

表娘就只七哥這一個兒子，自己矮小又單薄，臉上一臉的碎痲子，眼睛很小，鼻子在臉上也沒有高起來，鼻頭更是小得遮不住那兩個大鼻孔，很多人見了她都說她沒福氣。可是這兩年兒子的生意就是興隆，錢好像往家裡滾，因此她聽到反亂了，又要逃難，更是傷心。她疑惑是自己真的命苦嗎？母親轉身撫慰著她說：「這不是咱一家的事，妳看今晚街上到處這個漆黑樣，看來家家都關著門在屋子裡為難哩，我們來的原因，也是想大家商量商量，想個對策呀。」表娘堅決的說：「我是不忍心丟開這個家，管他八路九路哩，他不能不叫人活呀！」七嫂無意頂撞婆婆，可是她的經驗在心中留下餘悸。她說：「我真不能想我媽被掃地出門時嚎啕大哭那個傷心樣，我爹為了日本來時防土匪的槍，被八路搜出來了，被打得死去活來的，最後還是被折磨死了。」說到她被折磨死的爹，七嫂喉嚨就哽咽了。媽也接著說：「可恨的也是這些地痞流氓，八路給他們壯聲勢、尋仇恨、搞鬥爭，安上個地主銜，就先封了你的門，結成夥再分糧食，看看鄉下這些時亂得還有天理呀！」

屋子裡的人都是一臉的憤恨和愁苦，七嫂抹去眼淚說：「明天縣城要放棄了，街上一混亂，壞人們抓著我們這做生意的，也像對地主一樣鬥。」她看看七哥：「他身體這麼瘦弱，怎麼禁得起那樣折騰啊，我看還是帶著孩子們走，家裡東西沒有了，逃出去總有個人哪！」表娘聽七嫂說得有理，連忙接著說：「老頭子，我看就這樣辦，我們年紀大了，就留這裡看家，死活由命了，反正也走不動。讓兒子帶著媳婦孫兒們走。孩子走不動的話，用腳踏車像載貨物一樣，把他們放兩邊載上。」表伯沒等表娘再說下去，就說：「腳踏車帶貨物摔倒了一個人可以爬起來，帶孩子，一不小心出了錯，可是三條命噢！」他衝口說出的話，表娘和七嫂都為之一驚。就在這時，七哥哇的一聲，一口鮮紅的血吐了出來，我和母親都嚇呆了。全屋子裡的人都猛站起來往七哥身邊圍，七嫂兩手顫抖的抱緊了七哥的頭，眼淚像決了堤似的往七哥頭上瀉，孩子們也哭著大叫媽媽。表娘臉色慘白得連眼淚都哭不出來了，兩手攤開，無助的一個勁兒叫：「老天爺呀！老天爺！」媽忙去拿熱水瓶，我順手在桌子上拿杯子遞給她，媽端著開水往七哥嘴邊送，並要大家不要慌，讓七哥先安靜安靜。表伯兩手抱著頭，絕望的說：「走什麼呢？這還走什麼呢？」

七哥本來有點肺病，兩年來振作著做生意，尚無大礙，此時是看著自己辛苦創造出來的一切，將毀於一旦，家也有分散的預兆，心裡急得就嘔出了血。七哥幾口鮮血，把奮起要逃難的念頭全打消了。禍亂的魔掌尚未伸到，病魔卻伸出了手來向他招喚，他的臉色由鐵青轉為慘白。我和母親心中本來已像一堆亂麻，此時更增添了些死結，眼看停在這裡，對他們也是無助，只好向他們說些要安靜、珍重的話，我們就踏著這漆黑的夜回家了。

夜更涼了，迎面的風吹在臉上已有些刺痛，我們的手握得更緊。分離的預感已在啃嚙著彼此的心。母親本就記掛著親戚們存放的東西，覺得她有責任，父親的一些珍貴書畫，她也放心不下，身孕尤其是她最大的考慮。眼看七嫂一家人的逃難成了泡影，她更死心塌地的想不走了。可是我的走已成定局，因全城的學校都要集體行動。

我和母親回到了堆滿東西的屋子裡，母親刨根火柴燃亮了燈，火柴微弱的光，恰好照在她腫得發亮的臉上，隆起的腹部上，我又在心裡自問：「我能這樣的走嗎？我能丟開負擔這樣沉重的母親走嗎？」我沒有勇氣抬頭再面對母親，她卻忽然一變剛才的煩亂神情，出奇鎮靜的開始替我撿東西。她一邊一件件撿出她覺得我應該帶的東西，一邊對我說：「妳還是跟著學校走吧！團體行動有同學作伴，有老師照顧，到了個能安定的地方，說不定還能上課，這樣妳的學業也不至於耽誤。」聽了她的話我內心真是愧疚，自己過去讀書不夠認真，為了今後能繼續讀書，跟學校走還是上策。想到這裡，我就決心跟著學校走，心中的矛盾也像減少了許多，母親又繼續說：「妳如留下來，老師同學都走了，就算是不反亂，妳又做些什麼呢？妳如到了南方，能找到妳父親和弟弟，我把這裡親戚們的東西安頓好了，到那時妳再回來接我也不遲。如像抗戰時日本人那樣快的被趕走，你們也就很快的回來了。」年少無知的我，聽了母親的話，竟真做起江南夢來。我幻想此去到了杭州找到了父親，又回來接母親。「上有天堂，下有蘇杭」，地理課上老師說過的兩句話，此時對我竟有著更大的誘惑力。我夢想著母親和我都到了江南，一家人遊樂在天堂的美景中，該是多麼的快樂。這個幻夢更助長了我走的決心，我想著我要去了，才能再回來接母親呀！

母親說著話又從箱底拉出了一條藍色帶有碎花的緞子被面，這是祖母一直當寶貝一樣存放的被面。我還記得祖母每年夏天都會拿出來曬曬，當她很細心的摺疊著再放回箱子時，總要說一遍，這是你父親在北京上大學時用的被面，他用得很仔細，四年後還好好的。將來你們誰先上大學誰先用。祖母的話充滿了欣慰和希望。祖母過世後，母親又把它當寶貝似的存著。此時，母親把這條被面往我要帶的衣物中放，一時祖母辛勤、刻苦創造出的鄉村那個美好的家園，和往日幸福快樂的家，全從記憶中躍上心頭。但呈現在眼前的景象是破碎的，祖母早逝，祖父姑母音信全無，眼前的母親日後的孤單，遠在異鄉的父親和弟弟情況又如何，我這一離去，全家人更是天各一方。想到這裡，我的心像被幾匹飛奔著的馬往四面八方拉扯，亂成一團。

母親仍是很鎮定的，從箱底一件件的掏東西，別離在即，她卻顯得愈加鎮定，她要用多大的控制力才能忍著眼淚啊！是否知道再相見是夢呢！

要帶的東西都撿好了，一一放在一起打包，單衣，夾衣，棉毛衫褲。每個季節都要穿的，都給我想得好好的，再仔細摺疊。最後拿出她給我剛做好的那件紫綢子棉背心，把底邊拆開。她開了另一個小箱子，摸出一個細細長長的小袋子，一邊把一塊一塊的銀元往床上抖，一邊告訴我：「這是我存了很多年的錢，這種錢比紙票子要可靠些，我把它縫在背心中，妳貼身穿上，必要時拆出來用。」後來在困難時我曾一塊塊的花用著買食物充飢，特別是金圓券一大把也買不到一個饅頭時，母親縫在背心中那些銀元，真是救了命。母親，您真是有先見之明啊！

要帶的東西都綑綁好了，母親催著我上床早睡，說明天要上路了，要我早休息。我要求她，還是讓我去廚房燒點熱水，替她敷一下臉，上衛生課時，老師說熱敷可以消腫。她是為了讓我安心吧！就答應了我。我們又相擁著走到了廚房，鍋裡加了水，我們並坐在灶下，母親一手環抱著我，一手往灶裡送柴，嘴裡不住說著些出門處處要小心的事。水熱了，我再次的用毛巾往母親臉上敷，每敷一次，我那濕漉漉的手就會緊緊的被母親握一會。兩人說不出一句話。夜特別短，母親和我輾轉反側，眼都未曾合上，窗外已開始發白，滿載著別恨離愁的晨光，趕走了我和母親偎依的一晚。想不到我用熱毛巾於母親的熱敷，竟是我一生盡孝的最後一次。

天還沒有大亮，屋外人們急急走路的腳步聲，已把這個早晨踩得亂亂的。軍中的伙夫們綑綁他們的鍋碗瓢勺，叮叮噹噹不停的作響，甜睡中驚醒的孩子們不停的哭鬧，大人們不耐煩的阻止聲，愁苦的嘆息聲，此起彼落。我幾度走到門邊，但沒有勇氣打開門去看看屋外的一片嘈雜。母親打開放在桌上那個厚厚的毛巾，裡面露出了幾個熱呼呼的雞蛋，她拿起一個來剝，一邊嘴裡喃喃著：「這是妳最喜歡吃的白煮雞蛋，妳不喜歡吃蛋黃，我多剝幾個，妳全吃蛋白好了。」她話還未說完，我的眼淚已湧到臉上，趁她還在注視著雞蛋，我匆匆把它抹去，勉強做出很有胃口的大口大口吞了幾片蛋白。桌子上那個小時鐘一秒都不肯停的，拚命的滴滴答答著。母親和我的兩雙眼睛，都一直盯著它。剝完雞蛋，母親轉身彎下腰，一次再次的提起又放下給我打好了的那個背包。看著她彎下去的身體，我的喉嚨哽咽得痠痛，我說：「媽，等會您不必送我到學校去了。」只說了這一句話，就什麼也接不下去了。母親的手深深的把指頭插進我的髮根處，順著前額一下一下的往後攏，低聲的說著：「妳去了就會回來接我的，很快我們就又見面了，也許你們大家都會一起回來了。」

無情的時鐘擺開了母親撫慰著我的手。我揹上那重得轉頭都很困難的背包，跨出大門，走在街上，走幾步，又勉強回頭再看看母親，她仍是一臉堅強鎮靜的依在門邊，更提高嗓子說：「路上多注意自己，不管是走到哪裡，記得寫信回來啊！」我用力點頭應著，直到聽不見她的聲音，又轉頭看她時，遠遠的，看她拉起衣襟，定是要抹臉上的淚水，那就是我對母親的最後一瞥，也就是我們母女的永訣！

離校的片刻

我揹著沉重的背包，轉了兩條街，天天上學都走的那條街今天顯得漫長得多。快到學校門口，熙熙攘攘，人多得摩肩接踵，大部分都是同學們的父母和親屬，我加快了腳步從人群中擠進了校門，走向同學們都往那裡聚集的操場上，我用力彎下腰，把身上的背包卸下來坐了上去，我班上的同學陸續的往我這邊走來，人人的眼睛紅著，誰都不說話，從人群中擠過來的父母，手不停的拭著淚，不停的低語叮嚀，臉上的難耐像是想把心都挖出來讓女兒帶走。沒能和家中聯絡上的同學，都低著頭在流淚，有的撿拾個地上的小石頭，狠命的在地上畫圈圈。坐在背包上的我，腦子裡像映著些幻燈片，一會兒是母親我倆的那間小屋子，一會兒是母親腫得發亮的臉，昨晚七哥很淒苦的一幕，寒風中母親我倆緊握著的那雙手。母親還在倚門遠遠的望著我嗎？心底也會不住的在發問。這些滾動著的思潮，翻湧得我全身出著雞皮疙瘩，寒冷的抖擻一下，我又回到了現實裡，放眼環顧這往日幽美的校園，花、草、樹木、籃球架、排球場、單槓、雙槓，那鋪著細沙的跳遠池。往日這花叢間、綠蔭下，同學們捧著書朗朗的誦讀，課餘時大家漫步、嬉戲，運動時大家歡樂的飛躍在操場上，做著有益身體健康的各種運動，這是個多麼充滿著煥發而有生氣的地方。經過一個夜就面目全非了。

校長那本就嚴肅不太苟言笑的臉，今天更是繃得緊緊的，他那白鏡片後面炯炯的目光直盯著地上，快步不安的在徘徊。校長是在抗戰勝利後接掌了我們這所女校。整頓修建校舍，迎聘資深的師長，樹立校規，培養學風，兩年來學校的一切都在蒸蒸日上的進步。師生們心裡都充滿著希望。在這女孩子讀書不夠普遍的縣城裡，這裡可真是我們得天獨厚的一群女孩子的天堂，讀書、修身、娛樂，我們都活在幸福裡，更創造著未來的幸福。

校長此時是在深度的矛盾中，因他已年逾花甲，還有一位小腳的夫人，走，他有家累；不跟著學生們走，他又難捨我們。因兩年來他是深深的愛著我們這個學校和這一群學子。他徘徊的雙腳越走越用力，愁容像是要滴出苦汁，兩道目光恨不得把地都看穿個洞。在學校裡他全身是幹勁，無時無刻不想著愛護別人！散發出愛的活力。

教務主任雖也五十多歲的人了，但身材魁梧高大，一直都以校為家的為同學們服務，一開始他就決定帶著我們走。他揹著個比他肩膀還高一截的大背包，頸子上掛著個大哨子。他穿梭一樣的走在同學間，不停的彎腰檢查著大家的背包，看打牢了沒有，想到要大家注意的事，他即拿起他那個哨子吹一下，告訴大家。他一身是負擔，臉上更表露著沉重的責任。

教音樂的鄭老師，他永遠都慈祥得像位母親，他一腔美妙的歌喉，又有很高的音樂素養，雄壯的歌曲經他唱出來就會使人發出慷慨激昂，表達情感的歌曲他唱得就會讓你流淚，他唱起輕快的歌，你會像是走進圖畫裡，就是再沒有音樂細胞的人，也都喜歡上他的課。鄭老師不能跟著走，是大家最傷心的事。鄭老師有位胖得就笨了的師母，他們原已有了四個孩子，抗戰勝利那年又生了個小兒子，因逢勝利這么兒也就取名叫勝利。勝利長得可愛極了，人人喜愛，鄭老師和師母也一直覺得他帶來了吉祥，但此時鄭老師一家卻是因勝利幼小而不能隨同學校走。鄭老師抱著勝利木立在操場邊，勝利還是像往日一樣的笑著，可是今天本讓鄭老師覺得吉祥的勝利沒有給他一點瑞氣，他的臉蒼白著，是若有所失，默默無言。我想起了幾天前他曾教了凄婉的一首歌，他似悲鳴的唱著，「千尺流水；百里長江，銀波一片，茫茫，離情別意，隨波流去，不知流向何方。」我下意識的好像聽到全班同學又在唱，這聲音來得更淒婉，難道鄭老師早有預感了嗎？預感這場別離，我望著鄭老師抱著勝利的身影，盈眶的熱淚不自主的又淌到臉上來了。

工友王肖明，握緊他手中天天指揮我們上課的鈴子，也是一臉難捨的無奈，沒有了我們這一群，他握著這個鈴子還有什麼用呢？學校將是空空的了。王肖明是他的原名字，但平日大家都戲稱他王笑明，他三十多歲了，但是長著個娃娃臉，兩頰總是鮮紅得像扣上去兩塊切開了的蘋果，他的眉毛、眼睛、鼻子、嘴巴都像是會笑，因他無時不在歡樂中。他和他的母親都在學校當校工，他母親專照顧住校的同學，零星的賺些洗衣服錢，同學有傷風感冒的，她都殷切的熬中藥，人人都喜歡這個王乾娘。王肖明就是管搖鈴，每天守著學校那個大時鐘。上課下課時間到了，他就狠命的搖著那個鈴子前後校園裡跑，像是很權威似的，老師同學都聽他指揮。此時的王肖明我看他木呆的緊握著那個鈴，臉上全沒有了快樂。我們一走，他母子不是什麼都完了嗎！眼前充塞著的全是痛苦和無奈。

教務主任那個大哨子發出一聲刺耳的長鳴，離痕撕裂著每個人的心，教務主任讓大家把背包揹上，手指揮著讓前面的同學開始走。沉重的背包把每個從沒揹過重物的我們都壓得東搖西晃，那些難捨的父母們不是擠上來再捧捧背包，就是再湊到耳邊叮嚀，使得我們這個隊伍也像人心一樣亂糟糟的。出了校門轉到街上，往來的人更多更複雜了，騎自行車的，手拉著拖車的，肩上挑著擔子的，牽著幼童的，揹著嬰兒的，無人不是茫然的在疾走。我們的隊伍在這些人群中前進著，準備著和其他的學校會合，然後跟上這撤離的軍隊。教務主任和其他幾位老師吃力的在人群中擁擠著，前呼後應的指揮著我們。熟悉的街道和店面一段段的向身後消失。我們湧出了城東門，兩邊已響起了密集的槍砲聲，再回頭西望，城內幾處已有點點的火光。槍聲、火光，我生長在此多少個歲月的城，就這樣悽慘的陷落了。流離失所也就此在我的面前展開了。

踏上流亡道

湧出了東城門，人潮像氾濫了的洪水，前後左右都一眼望不到邊在哪裡，只覺得是一波接一波的往前擁擠，是往哪裡走？帶著驚慌的人們都是一臉的茫然。那些擔著重東西的人們，想離家時一定是恨不得把個家都挑出來，但沒走多遠的路，他們已是喘著氣，臉色蒼白得蹲下去了。帶著幼小孩子的人們也一個個的掉落了隊，出城沒有走多遠的路，已看出誰也不能幫助誰了。恐懼、孤單，一陣陣往心頭襲來。揹著的背包走一段路就像加上了一些重量，越來越顯得沉重，天上本就滾動著些愁雲，一下子也像耐不住的淚，淅淅瀝瀝下起細雨來了。無情的雨水，大家很快的成了落湯雞。腳下的黃泥黏得人人都像穿了一雙大靴子，越發是抬步艱難了。但是一道道傳來的命令，「不能停，要走出危險區。」於是大家只有冒著雨，踩著泥濘，一跛一晃吃力的走。浸濕了的頭髮紛亂的黏在臉上，雨水順著亂髮任意的淌，眼睛被模糊了，冷涼的水更順著脖子往身子裡灌，原是汗熱的背觸到了一道道的冷涼，全身一陣陣起著雞皮。環顧四周是一張張濕漉漉、慘白無奈的臉，跌跌撞撞不少人也成了泥人兒。老師們的臉色更苦澀，望著我們大家比哭還難看。他們不住一聲聲的低慰著說：「前面就有村莊了，前面就有村莊了，忍耐些，忍耐些。」聲音裡像淌著心痛的血淚。

雨一點也沒有休止的樣子，希冀著的村莊只是望梅止渴罷了。眼前更是一個通往襄樊道上的荒原，是個有名的不毛之地。田野的空曠更助長些風力，風捲著的雨水更有些潑倒的感覺。那股無助和難耐，就像是末日到來了一樣。前瞻後顧都找不出心中一點的屏障。「忍耐些，忍耐些。」老師們如哀求似的聲音低響著。只有這聲音還是一點生的力量。

天漸漸由昏暗轉到漆黑，仍沒有停止和休息的信息。飢寒交迫，這個苦難的夜更是長得像沒有了黎明。

渡船一次再次的擺渡把我們接過了襄江的對岸，據說過了襄江就遠離了戰線。四天的行程大家已是筋疲力竭，滿頭亂髮，全身是泥漿，真有些三分像人七分像鬼了，這是大家生平第一次用雙腳走完了兩百五十華里的路。腳上先是磨成的水泡，水泡又走破成了刺痛的瘡痕，難忍的疼痛，人人都成了跛子。那走起來一歪一斜的樣子，入眼都讓人心寒。

我校被指定住襄陽女中，這是襄陽頗具規模的一所學校。但是踏進校門，校院荒草叢生，到處都荒蕪得透著淒涼，那指向高空的升旗桿上沒有了國旗，兩條繩子鬆垮垮的隨著寒風在抖。旗桿後面的大辦公室被兩條交叉的黃紙封閉了。一行某年某月封的黑字已有點褪色，更顯出些蕭條和寂寥，順著院子再往裡面走，那一間間的教室也加著同樣的封條。原來這裡已是人去樓空，學校的師生們早結隊南遷了。這裡並不安全，又給了我們一個預感。大家失望的跟隨著帶領我們的官員，看著他揭開了幾間教室的封條，打開了門，老師指揮著讓各班同學分別進入教室。室內課桌椅凌亂的堆在一角，布滿了灰塵，牆上的黑板上仍留著老師講解功課的字跡，碎斷的粉筆在地上和黑板邊都是。觸目的情景和王老師最後的地理課一樣。他狠狠的在地圖上畫圈圈，沉重的聲音又像在我耳邊響起，「時局像氾濫的河水，已出了河床，在向外蔓延，終會濕到腳的。」這裡不又是邊緣了嗎！我心裡在如此低語。

一捆捆的稻草推進了教室，這就是我們的床鋪了。攤開了被單，大家就這樣隨遇而安了。那臥薪的第一夜晚竟睡得像沒有了知覺。一段不尋常的生活，也就自此開始了。主食徹底的改變，麵粉看不到了，家中每餐那熱騰騰的饅頭只有去夢了。每天能吃的是配到的只可吃兩餐的米，飯要大家輪班去煮，大部分的同學都沒有造廚的經驗，做米飯更是一本天書，加上大灶燒柴又不能控制火候，不是水乾了米還是半生，就是鍋底早胡焦得發出苦味。再不然就是稀糊糊成了一鍋粥，煮飯不知讓多少人流淚。飢餓的時間總是多，因此等飯是每天的主題，越是被飢餓煎熬得厲害，越是思念家鄉想念親人，大家議論著那飯來張口、茶來伸手被母親寵愛著的日子，悔恨為何不早學些生活的能力。

老師們誰都沒有經驗管教著這麼一大群無依和無所事事的女孩子，更誰也沒有過過這吃不飽、睡不安的日子，大家一心都是過幾天就會回家的念頭，一點久遠的準備都沒有，對時局戰況更是一無所知。進入了這個學校，像是把大家密封著了一樣，天天都坐等外面能傳來喜訊。他們不時都是焦慮著在院子裡踱方步。唯一管教我們的方法就是不准大家出校門一步。他們的感覺中只要他們能看到大家，他們就放心了。再者幾位年紀大的老師，他們仍堅持著他們那男女授受不親的思想，對來訪的人嚴加審查登記。關係論清了，才能讓同學們去見面。為顧到我們的安全，他們是費了很大的苦心，但相反的，我們卻感到有點被囚起來的感覺。每人每天都守著那塊屬於自己的稻草窩。悶極了耐不住的哭一場。特別那些個比較幼小的同學，哭聲裡常摻和著對母親的低喚。一處哭聲起，大家都會酸楚楚的一陣。不自禁那美麗的家園、父母、親人、那往日安詳的生活，特別是那熱騰騰冒著香味的飯菜，這一切的一切都會往腦中呈現。但是一用心回味，那槍聲、戰火、傷患的兵、擁擠著爭相逃難的人潮，像雲一樣的也湧上來了。只好快回到這個現實裡來尋求適應了。

同學們來自不同的鄉縣，在女孩子讀書還不普遍下，每個人都有著一個不同的背景和上學的理由。因此同學中年齡參差很大，同一個年級中有已婚的同學，或已訂了婚的，當然學齡的還是占大部分。在學校讀書時，大家都被同樣的功課主宰著，每天都是忙功課，在老師們的教導下，規律的作息著。你很難去透視到每個人。家麟是我們班上年齡最大的女生，她是結了婚丈夫病故，生了個遺腹子後，她婆婆送她來上學的。在人生的里程上，她比別的女孩子都早踏前了好幾步。在學校她很少有笑臉，整日埋頭讀書。這次她全是為了跟著學校能再讀書，所以才拋親別子的也走出來了。每看到她，我就會立刻看到離校前那天的景象，她那個剛會邁步，正在牙牙學語的遺腹兒。任憑她婆婆多有力的摟抱，好言哄盡，那孩子仍是掙脫出雙手，號哭著叫媽媽。家麟不堪回首的抹著如雨的淚水，狠命的快步向前。那令人碎心的片刻永梗在我的心裡。

家麟是位母親，她有著一顆母親的心，苦難中她把那母愛的耐心，分給每位同學。在我們自炊的日子裡，不管是不是輪到她做飯，她總是會去到那個臨時廚房的大灶邊，不是幫助燒鍋的同學起火，就是在灶上斟酌米和水量，她的這份愛心和耐心，不知嘉惠了多少同學，阻止了多少傷痛的眼淚。

她帶領著大家學做鞋子，由這艱難的工作中去排遣那百無聊賴的時間，她指導著大家做鞋幫和鞋底、捻繩子、納鞋底，在每個過程中，都會給大家帶來些新奇的快樂，特別是一雙鞋子做成了，那既有創造性又有成就感的心情，填滿了多少空虛而無望的心。人人也都體會到母親做鞋時一針針一線線的辛勤了。家麟給大家真多的支助，她在大家的心中永遠像是一位母親。

不少個性活潑、脾氣少躁的同學，她們一日日的耐不住這苦悶、飢餓、等待、無望的日子，她們奮起議論著要去從軍。她們這一陣陣興起的狂潮，幾位老師是左右為難。受她們父母的囑託，老師對同學永遠有著照管的責任，她們奮勇要去從軍也是很堂皇的事，答允，不答允，他們矛盾了很久。我班上的品春、錫錄、宗原是力主響應從軍的三位。在那稻草窩裡，她們動不動就會高唱抗戰時那首激昂的老歌。「熱血滔滔，熱血滔滔，像江裡的浪，像海裡的濤，常在我心中翻攪，只因為國仇未報，憤恨難消，四萬萬同胞，踏著我們的血跡，驅除強盜。」三人常常是合唱唱，輪唱唱，越唱越激昂，唱得讓大家真有熱血沸騰的感覺。從軍同學們的堅定、倔強，終在一天她們成功了。軍中有來接應她們的軍官，她們揹起背包，大家列隊和她們送別，對我們這個女校來講，這真是一個劃時代的大動作。我為她們的勇敢也暗中敬佩，但心底也忍不住這別離的痛楚。特別是宗原，在校時可稱得上是好友，在這裡她那個稻草窩也離我不遠。想著她離去的背影，再看看她這個空窩，往事一波波的如浪推來。她活潑的個性，往日做起功課來快速的動作。凡有同樂會她那數不完的雜耍，可明同學她倆的對口相聲，圓潤如流水的平劇清唱，曾贏得了多少掌聲，笑出了多少老師同學的眼淚。在學校時的日子是多麼充滿著生氣，也多麼美麗。大家共同的生活著，學習、研讀、娛樂，誰都是天之驕子似的。如今一切都成了夢，更完全的消失了，宗原，這一群從軍的同學何日何時何地能再相見呢！我不能想下去，我吃力的倒進這個稻草窩裡，狠勁的拉起了被單，蒙著我的臉，嗚咽得泣不成聲了。

超芬是兩年前在本校畢業了，結婚已有了幾個月的身孕，以地主之名被掃出了門，先生在漢口讀書，為了帶著身孕去找丈夫，曾得老師們的答允和我們大家結伴同行。是個漆黑的夜，室外響著陣陣的寒風，大家都被她陣痛難忍的叫聲，在熟睡中驚醒。室內起了一陣混亂的騷動，每個人都驚慌失措得不知怎麼是好。幾位同學披衣到鄰室，叫醒了那位和我們同行的一位小學的女校長。這位校長年紀是大人，但是對接生她是毫無一點的經驗，最後還是家麟壯了膽，讓幾位同學把超芬扶到廚房那個大灶邊。就在那燒柴堆中，超芬的嬰兒誕生了，竟還是一對雙胞的女嬰。一夜間，家麟的勇敢在同學間又傳為佳話。這裡又增添了嬰兒的哭聲。不幸的是，她們是在母親顛沛中造成早產。這對新生命掉進了這個苦難的世界，又悲慘的在兩天間相繼都夭折了。超芬本就因無家人，丈夫又不在身邊，天天苦悶著。雙胞早產的嬰兒相繼夭折，她的心真是片片的要碎了！生產不能靜養，也不能飽食，臉色已慘白得沒有了血色，夜以繼日的痛哭，兩個眼睛腫得像鵝蛋。過去、現在，都在無情的宰割著她，未來對她更是個大大的問號。吃不飽、睡不暖，對一個產婦是多大的虐待。在這戰地的邊緣上，誰又能保不會馬上又有行動呢？我每望她一下，我就禁不住的打個寒顫，同學們盡量的把飯多給她吃點，但是一碗糙米飯又能增補給她多少營養呢？何況心底的傷痛又不是任何東西可以治癒的。唉！天怎麼會有絕人之路！

芙芝抱著個報紙包，嘴巴撐得鼓鼓的，邊走邊不停的咀嚼著。她踏進門，那一股子奇香跟著她就衝進來了。大家的目光像饞貓聞到了魚似的，一下子都轉向了她，每個人的鼻孔都撐得圓圓的，沒等她走到她的床位上，有的人對著她已猛衝過去了，這香味誘人得舌頭都快要掉出來似的。原來她那紙包裡是包子，弄清楚了，大家更驚叫她得了寶物。她身上黏著些黃土，肘和兩膝上印著些泥塊，她聳聳兩肩縮了下頸，嘴張得大大的壓低了聲音說：「我翻牆出去了。」聽了她的話，大家又是一驚，不管三七二十一，都搶食她的包子起來了。

芙芝身體瘦瘦高高的，走起路來昂首闊步，一副女兵樣，因此大家給她取個別號叫團長，在學校時她就比較勇敢，喜愛充英雄，愛打個小不平，飛躍在操場上，她是球類的健將。不幸的是，她有個不懂事的晚娘，下面又有一群小兒女，聽說她時常被虐待。因此離家對她並不是很痛苦，反倒像是解脫了一樣。在大家想家痛苦時，她常會扮演著一個開心果，用她那熟練的滑稽像逗著大家笑，她的一逗，真的是哭的人就會不自主的又笑了。

這次冒險翻牆到街上去買包子，是她探險的大成功，自那天後就叫到了這個賣包子的。每天下午當大家肚子餓得飢腸咕嚕時，那個賣包子的擔著一擔熱呼呼的包子就來了。隔著那道矮牆向我們兜售，真是一大救星，相對的，父母給大家裝進袋子裡的錢，都流到那個小販口袋中去了。母親給我的銀元在那時花掉的不少。

一二一，一二一，我們這頑皮的一群，又笑彎了腰的對著走向大門的王光民，像喊操一樣的叫。王光民是班上李士惠的未婚夫，也是女訓導主任的弟弟，不是這次南陽要撤退，士惠他們在十二月就要結婚了。士惠的母親理家能幹，在那條街上都是有名的，全部嫁妝早早都做好了。我們曾要求著士惠到她家參觀過，誰看了她母親細心準備的嫁妝都咋舌，特別是那一條條的繡花被面子，一對對的繡花枕頭鮮豔美麗得實可稱第一等的繡工，據說這都是她母親親手繡成的。嫁女兒、娶媳婦，兩家人是多麼的希望著這個佳期的到來。撤退使他們的婚期擱置了，兩人都隨著學校要離家。我還記得李伯母一面擦著淚，一面撫著士惠的雙肩一直搖，嘴裡還不停的說：「妳可早回來喲，所有東西我都會好好的替妳存放著。等著妳回來再擇期替你們完婚。」我們尚沒有走，李伯母就在盼望著那平安日子的到來，讓我們快回家。她哪能想到兩個月過去了，我們回家仍是渺茫，她是否能保有士惠的嫁妝呢？想也是個問號。

所幸的是，光民所在的男校，是在離襄陽不遠隆中的山上，男校的學生們隔不了幾天都會到城裡來領米，趁著領米下山的機會，光民總是轉到我們這裡來看士惠。他們是名正言順的訂了婚，加上光民又是女訓導主任的弟弟，他總是不經過太嚴的審查就進來了。但是每次他可躲不了我們班上這一群惡作劇，他如不帶點好吃的東西來，我們就會擋著士惠不能去見他（因男校自由些，他們得有機會到街上買東西），所以他每次來，尚未到我們的門口，一包東西就舉得高高的了。大家擁著士惠哄然的就搶起東西來吃了，頑皮得一時什麼憂愁都忘了。

我們這裡只要有來訪的男學生，不是我們群中哪個人的表哥、表弟什麼的，就是哪一個人的未婚夫。凡是來了男同學，都會被我們大家百般的捉弄，把他們搞得面紅耳赤的。特別是他們來過了往外走，我們大家就會聚成一堆在他們背後；像喊操一樣的叫一二一。他們踏著這一二一也不對，不踏這一二一也不對，就是被我們叫得亂了步。他們越是覺得窘，我們就叫得越得意。大家常常是笑彎了腰，直等他們走遠看不見時才停止。飢餓苦悶的日子裡，就在我們惡作劇的這個片刻，大家才是最開心的笑。

時間就這樣渾渾噩噩一天天的過去，復課是一個奢望，自送走了那批從軍的同學，又給大家留下些許的矛盾和徬徨。我不斷的思念著母親，也想著已在南方的父親和弟弟，更被眼前所發生的一切事情煎熬著，前瞻不知希望在哪裡，後顧更是一片模糊，一點家鄉的消息也透不過來。多少次心真是苦悶得發慌。一個下午，天上的雲濃厚得像是要壓下來了一樣，天黑得室內全沒有了光。同學們有的坐著發呆，有的拿著針線活似做非做的在那裡當營生。有些人索性鑽進被窩裡尋夢去了。我和好友瑞琳實在耐不住這室內悶得要窒息的勁兒。我倆相互說到室外去走走。院子裡是出奇的寂靜，絲絲的寒風吹來幾片稀疏幾乎不可見的雪花，在半空中打了幾個轉，還未落下來已不見了。想此時老師和各個同學都因這陰沉的天氣躲到屋子裡去了吧？這出奇的安靜，使瑞琳和我興起了冒險和好奇的感覺。我倆不約而同說：「溜出去走走怎麼樣？」我和瑞琳是班上的小不點，論年齡和個兒，我倆都是最小的了，多少還有些懵懵懂懂的樣子，看守門的人不在，我倆就大膽的溜出去了。

出了大門，一腳就踏入了陌生裡，辨不出東西南北，一個熟悉的面孔都沒有，我們不住的東張西望，一下子也會讓人看出是外鄉人。乍聽他們講話的聲音，我們也似懂非懂了。街上熙熙攘攘來往著百姓和軍人，我們的感覺中，這不太是一個城市應有的現象，我倆即從街邊轉進一條小巷子裡，抱著既溜出來就安之的心情，漫無目的的在這小巷裡走走吧，這裡都是些住戶，望眼看去讓人有些安定感。正走中，呀的一聲一扇門開了，從門裡走出了一位慈善祥和的婦人，看到漫步著的瑞琳和我，她發出了一臉的驚喜，忙上前來同我們打招呼，她滿臉的慈暉，一身的純樸，我們像是突然看見了母親，問清了我們的來路和身分，她熱切的要我們到她家中去坐坐，她如此的誠摯，我和瑞琳就隨著她進去了。踏進她的院子，就使我們感到一股家的溫馨，這樣溫暖的家，我們已是久違了。

她正屋的桌子上擺著一大一小兩張黑白的照片，一張我們可以臆想是張全家福，我們還在凝神望著那張照片，她把那張女孩單獨的照片拿起來了，迫不及待的告訴我們這是她的女兒，她又接著說：「我們就這一個獨生的女兒，兩個月前怕這裡會有戰爭，學校全體師生遷往漢口的雞公山去了。自她離家後，我日日夜夜都在想著她。記掛著她的飲食、睡眠，更惦念著她們學校不知能上課否。」聽她說著這些話，瑞琳我倆也都在想，我們的母親不是也這樣的念著我們嗎？於是我們連忙接著說：「我們看到您，聽到您講話，就像看到了我們遠在家鄉的母親。進到您的家裡來，我們覺得好溫暖。」我們三個人心中湧出了多種的感觸，我們緊握著彼此的手，眼睛都潤濕了。

這婦人說著一口濃重的湖北話，招呼著我們坐下，她更是連聲重重的說：「遭孽呀！遭孽呀！」她說著從桌上的暖壺裡給我們倒了兩杯熱茶，抽屜裡又拿出些糖果來。她再開始介紹她自己，她說：「我們是個小家庭，我丈夫做個小生意，他辛勤的經營，足夠我們生活還有餘，女兒在女子中學讀書，我操持家務，知足的我們，生活是幸幸福福的。我們對人忠厚，別人也以誠對待我們，東鄰西舍都相處得快快樂樂的。」說到這裡她頓了一下，一臉若有所失的定睛看著手中的照片，又接著說：「想不到傳說將有戰亂，女兒隨著全校師生南遷了，我的心好像也跟著她去了，天天在家像失了魂。」這婦人似停不下來的述說著，看看她，再聽著她說話，我不能自主的眼淚奪眶而出了。我趕緊低下頭，端起茶杯往嘴邊舉，我不知該怎麼來安慰這憂心的母親，也想著和她同樣心情的我的母親。

我們正談話中，有人推門進來了，這人胸前抱個大紙箱，紙箱把他整個的人都遮著了，只看到他那向前注視著的眼睛。等他慢慢的把紙箱放下，我們看出他就是那張照片中的男主人，一臉純樸、忠厚，見了他更加證實這位婦人說的他們的幸福話。經介紹後，我和瑞琳尊敬的叫了聲老伯，他對幼小逃難離家的我們，發出不少的慨嘆和憐惜，他臉上的憂愁更加深了些，然後壓低了聲音，有些不願而又無奈的說：「今天外面風聲很不好，城裡一早就湧進來了大批的軍隊，傳說徐蚌會戰失利了，共軍已攻到樊城邊上，說不定今晚就會有槍戰，我把生意早早關了。」聽了他的話我們都怔著了，瑞琳我倆更是備受驚恐，因我們已經是驚弓之鳥了。我們立即就要告辭快點走，那婦人一定要留著我們吃點東西，她忙熱些菜飯，堅持的讓我們吃了。哪知道意外的溫暖僅只是曇花一現，這兩位善心的夫婦，很快也會遭到和母親一樣的命運，浩劫像洪水般的氾濫，所到之處似無一人能倖免。

瑞琳和我戰戰兢兢的快步往回走，心中梗著得來的壞消息，我們是偷偷兒溜出來的，又怕進門時碰到老師會受申斥，雙重的不安使我們更加快了腳步。走到門邊就看到進進出出全是些男學生，不少平常被我們惡作劇逗過的人，今天都沒有了笑臉，我們奇怪怎麼這會兒開了禁，讓這麼多男生進出呢？等我們走近了才看到院子裡的同學都慌成了一團，大家的背包都一個個打好，這些男學生是替我們一些同學分拿東西來的，我們知道局勢是真有點不妙了。

隨著進出的人群，我倆溜進來了，躲過了老師的眼睛，卻迎頭撞見芙芝，她一手提著一個背包，重得一搖一晃往前走，見了我和瑞琳劈頭就罵說：「小鬼到哪裡去了，再不回來隊伍就走光了，看妳們兩個小鬼留『首』吧！」不是留守，她說的留『首』是被殺頭的意思，這就是芙芝的滑稽處，她罵你還會逗得你笑。看她已把我們的背包綑綁得好好的了，我們羞愧得對她更充滿了無限的感激，但是有時瑞琳也調皮，在這種情形下，她還是給她扮了個鬼臉說：「妳忘記妳滿身泥土翻牆買包子吃了，我們是從正門出去走走。」芙芝搖搖頭，對她表示些無奈，我們三人相對擠出點苦笑。

未待出發，樊城那邊的槍聲已像鞭炮一樣的響起了。那個商人的消息不錯，這又是一個夜突襲，槍聲越來越密集，無情的戰火也在天邊燃燒起來，霎時映紅了半邊天。我們奉急令快出城和其他十幾所撤來的學校會合南遷。槍聲火光造成了恐懼，又湧起了一個巨大的逃亡人潮，我們再次的湧進了人潮裡，向著黑暗裡去摸索了。

夜黑得對面都看不到人的臉，彼此全失去了照顧，唯一的是你要緊跟著前面的人不停的走。老師要我們兩人兩人的握緊手，跟上隊伍。我和瑞琳胳膊緊緊的挽在一起，多少次被前邊人的背包頂著胸，我們的背包又被後面的人前胸頂住，我們會腳不著地的騰空一陣。隊伍中只要有人在前面跌下去，後面的人就會像風吹草偃一樣的一長排倒下去。一次再次的這樣跌倒了再爬起來，跌倒了再爬起來，雙肘和膝蓋都像摔碎了一樣的巨痛。這是夜行軍，又要緊防砲火的追擊，前面再三傳令要保持肅靜，這沁人心肺的疼痛，再摔一次多想大叫一聲，但得忍著，那痛出的淚也往肚子裡流。出了城推擠才慢慢的鬆開些，可是要急急的疾走追趕。在家時常會聽老人們講「磨難，磨難」，這也許是他們在生活中的經驗吧！遭逢困難時往往會禍不單行。疾走間一涼一涼的東西掉落在臉上，天竟下起大雪來了。這又是個無助的夜，回首是無情的戰火，絲毫不能停留，眼前是黑暗的雪夜，只有憑著一雙腳在幸與不幸間求自生或者是自滅了。

跋涉了整個夜，天邊發白，漸有了黎明，整個宇宙白茫茫的成了個大雪球。大家的頭上、身上全是雪，每個人也都像是滾動著的小雪球。雪在記憶裡本都是些美好的詩情畫意，講雪的也全是佳話，孩提時戲雪更是無比的快樂。

記得每年此時，當雪厚厚的蓋著大地，正是秋收冬藏後的好季節，人們在一年辛苦後都閒了，坐在屋子裡生火圍爐話舊逑天倫，享受家庭的溫暖。祖父和祖母在堂屋中生起一盆炭火，祖父在炭火邊上熟一壺水，沖著那香氣四溢的香片茶。祖母在熱炭灰裡燒著些白果和紅棗，燒熟了讓大家剝著吃，其味是濃郁，甜，清香無比。偶爾也有親友來訪的，祖母端出她那拿手的油麵茶，人各一碗，賓主都喝得暖呼呼的。大家談得快樂時，祖父常會握著他那個細瓷的茶杯，高高舉起喝一口，興奮的說：「瑞雪兆豐年。」給大家來年又道出了希望，祖母也會跟著說：「麥蓋三床被頭枕饃饃睡。」也是說的雪助來年豐收的意思。我在學校也唱過那四季歌的冬日誦：「雪降田野，土受恩，來春桃花更燦爛。」雪原是上天降給大地的恩物，但此時此地卻變成了給我們禍不單行的災難，雪淹沒了路面，遮住了溪流池塘的真面目，成了陷阱，也成了迷津。一夜間使多少人迷失了路，多少人跌落在水中而不能自拔了；成了劫難，僥倖還能衝出困難的人，衣褲和四肢也凍得僵硬硬的了。小學部那位跟我們同行的女校長遠遠的拖在隊後邊，被一位許老師和她的兒子兩邊攙扶著，臉烏青得全沒有了血色，兩眼深陷得也失了神。原來她平日所穿的齊頭鞋裡，竟是只放開了一半的小腳，鞋子不見了，光著她那多年都沒曾坦白過的腳，赤裸得讓人心寒。許老師頭髮和他那短鬚上都積著白雪，看去竟像一夜間他比昨天老了一半，校長本雄壯的兒子，那股青年的旺盛勁也全消失了。更讓我們心碎的是他們喘息著說：「超芬在午夜時不支的停在路旁，上氣不能連下氣的說她實在走不動了。」她堅持讓我們快走，說到這裡，他們三個人都泣不成聲，許老師更跺著雙腳，嗚咽著說：「我真希望我有三頭六臂呀！」聲音全是痛苦的愧恨，聽了這個壞消息，無人不為超芬傷痛。回想她家的被掃地出門，她顛簸後造成的早產，接連夭折了雙胞的嬰兒，最後她又落隊了，命運怎麼獨給她這麼多的不測，我心底也不住的怨天。

往日的這樣一場厚雪，正是我們快樂的滾雪球、堆雪人的好時候，記得教體育的女教官曾帶著我們大家堆雪人，教務主任還讓我們各班來次大比賽，初三的教室正對著個大操場占盡了地利，她們堆起個大雪山，命名埃非爾士高峰，得了個全校的冠軍獎，校長還特為她們做了面「智冠群倫」的錦旗。我班上的聰伍最藝術，她堆了個雪人媽媽、雪人爸爸，還帶領了個雪人小頑童，個人獎她是第一名。回想大家跳躍在雪地裡打雪仗，雪給大家增添了多少天真活潑，而這個夜卻是和雪搏鬥掙扎。只有走得喉乾了，彎腰在地上抓起一把雪放在嘴裡，立時解著了乾渴，雪還能受著點歡迎外，大家是恨透了雪。最愛堆雪人的聰伍對著雪，她那對大眼睛都不想睜了。她自己卻成了一個雪人，她這個雪人還流著熱淚，帶著哭聲哩，她揹的東西一夜全丟光了，聰伍瘦小，弱不禁風得是班上的林黛玉，誰都知道她是母親嬌慣的寵兒，奇特聰明又加上很藝術，就是動不動會流眼淚。天一亮看她竟跟上了隊，我連叫了幾聲阿彌陀佛，芙芝更在胸前畫了個大大的十字，長長的說聲阿門！瑞琳也苦笑的說阿來路呀！

雪停了，太陽在東邊漸漸的升起，一夜的大雪升起的太陽也似無力，只像是誰在天邊畫了個大紅球，不能讓人感到一絲的溫暖，但是經過一夜和黑夜的苦鬥，這個黎明的太陽真讓人禁不住的想歡呼。夫子傳生卻慢吞吞的開口了，「下雪不冷化雪冷，看看吧！今天更有比昨晚好瞧的冷。」傳生是班上有名的夫子，平常她不是子曰，就是老氣橫秋的說些她的哲理。也真的她每每都是鐵言。太陽越升高，原野吹過來的風就帶著更冷的涼意、飢餓、疲憊，又加上寒冷，大家實在是無力再前進了。我們進入了一個村莊，這個村莊並不大，散居著一些純樸的農家，我們尚未走近，村中的人們已出來相迎了，原來前面的幾個男學校，已一批批從這裡過去了，他們被告知後面是一隊女學生，我們三三兩兩的被分別迎進了不同的住戶，看看一個個狼狽不堪的我們，他們都搖頭嘆息，年長的老人們更是不住的說：「遭孽呀！遭孽呀！」他們都忙著取下我們的背包，抖打我們身上的雪，他們滿含著同情的手，像一股股的暖流湧向我們每個人的心，激動得使我們熱淚縱橫，更深深的感受到農村的百姓們是如此的真摯、善良。

我和瑞琳分配到一對年輕的夫婦家中，他們有一對小兒女，我們一進門，這位年輕的村婦就不停的張羅起來了，先是燒了一大盆熱水，她一臉成熟的經驗說：「凍僵了的手腳是不能烤火的，快把妳們的手腳伸進熱水裡泡一泡。」我和瑞琳忙把手腳都放在熱水裡。暖意一下子自手心腳心升到全身，那全身溫暖透了的舒適感，我們真想上前擁吻這位村婦，表示我們發自心底的感激。讓我們泡著手腳，她又把床上的被褥伸好，讓我們把身上的濕衣服脫下去圍在被窩裡。她在房子裡生起了火，仔仔細細的給我們烤衣服。我和瑞琳竟昏昏的睡去了。猛醒來桌子上是熱騰騰的飯菜，我們的飢餓加上他們的溫暖情意，這餐飯是生平再甜香不過的了。

一夜的奔跑，這裡又遠離了砲火，農家們殷切的招待，原緊張得像弓在弦上的心情，鬆緩了很多，我們的疲累和他們的挽留，我們在這農莊上停了一天。沒有了戰火，沒有了恐懼，這竹籬茅舍的農莊被昨夜這場大雪點綴得景致如畫。光禿了的樹枝，全披上了有光澤的銀衣，反射得陽光更加柔美，蒼綠的松柏頂著一團團的雪，翠綠雪白相映得更顯雄偉。一叢叢的修竹都被雪壓彎了腰，那被雪勾畫了的枝葉更美麗，覓食的鳥群忽而旋下，忽而又飛上枝頭，抖著羽毛不住啁啾，像是自得其樂。不畏寒冷的村童在雪地裡嬉戲，大大小小的狗隻隨著孩子們的跳躍，撲過來撲過去，隨著牠們的忙亂，地上滿都是狗蹄繪成的梅花。我呆立在門邊，眼望著這如畫的雪景，和昨夜相比，和平真是能轉變景象，安定中大地呈現出的一切是這樣的美麗。記憶中的雪景不都是如此嗎！但這裡卻不是故鄉，經一夜的逃亡，此刻我是在他鄉依人憐惜。回頭再看室內，那村婦逗著嬰兒取樂，慈母的柔聲輕手、嬰兒的純真憨笑，使我又想到了待產的母親，親人們一個個遠離了她，她能平安的生產嗎？將有的幼弟或妹，他或她能有我眼前這母子這份天倫之樂嗎？我抬頭把視線放遠，遠到天邊，我想求得的答案像雲天一樣的渺茫。

一大早，這家的女主人為我們的鞋子上加縫帶子，男主人忙著削竹子木棍讓我們當作手杖，為了我們將有的跋涉，他們是傾盡心力。一日夜的相聚談說，臨行前彼此都有著難捨的依依之情，看到聽到我們的一切，他們也深恐會遭此厄運，在如此的心照下，彼此都流出了感傷的淚。

別了這個如畫的農莊，這也是最後一次目睹北國冬日的雪景，整隊再踏上征途，眼前是漫長的裹沙道。路面上的雪徑踐踏半融成水，刺骨的寒風把水又凍成了冰，大家每踏出腳步就像踩在一堆堆的碎玻璃上。踏碎的冰雪聲、風聲，都像是一聲聲的低語悽慘！悽慘！起伏不平的路面，多少次，多少人都跌個人仰馬翻，但後退無路，停留只有待斃，每個人只有咬緊牙關，狠命的往前走，只有在這個片刻，你才能體味得到，求生、希望，能使人們發揮出多大的力量，又是苦難艱險的一日，而這一日竟沒人落隊。

偶遇

這個不知名的市鎮上停著些載滿貨物的車輛，有的是布匹，有的是食鹽，中間一大車是黃澄澄的橘子。不見這交通的工具不知有多久了，這麼一大車的橘子更是生平少見，正直對著這滿車橘子垂涎，這一列車輛裡傳出了些親切的鄉音，使我不自主的咬痛了手指，想知道這究竟是夢是真，聲音由遠漸進，這帶有鄉音的人，走到我們隊伍中來了。老師們和他們深談下，他們果真是南陽城裡的商人，他們原是運著這批貨物要到襄樊去，徐蚌戰爭的失利，襄樊陷落，交通斷絕，他們正準備南下宜昌。我們相應的鄉音，他們也感到震驚，老師們和他們交談後，他們如視父兄子弟，很快的把我們安排在鎮上一家最大的客棧裡，一日的凍餒，這餐熱的晚餐像是在仙境中，更使我們歡喜若狂的是他們將讓我們明晨搭乘貨車同行，幾位老師萬千的感謝他們，這個意想不到的奇遇，真如夢幻一樣。

更巧的是，我和瑞琳幾位同學被安排上了裝載橘子的車，那位橘子的主人問了我們的姓名，這人竟是當年瑞琳父親商號裡的學徒。他童年喪失父母，跟著半失明的祖母長大，基於他孤零的身世，瑞琳的父親非常善待他，瑞琳的母親更對他慈愛有加，不僅替他縫補，還給他添製新衣，哪知我們乘了他的車，還聽他道出了瑞琳家中這一段善行的佳話，感恩圖報，我們竟成了受惠者，一路上，他讓我們任意盡量的吃橘子，在荊州還替我們買了鞋襪。誰又說行善沒有好報呢？瑞琳父母的善舉，給我們在苦難中帶來這麼大的恩惠。

風雪中的偶遇，縮短了苦難的襄沙道，沙市點點的燈火，映出了我們的柳暗花明。

宜都的點滴

同行的十四所學校陸陸續續的到達了宜都，這裡是全然聞不到戰火的氣息了，學校已同在南京的教育部聯絡上了，指令十四所學校聯合組校，部裡將選擇適當的地方讓我們復課。脫離了戰爭的威脅，已是大幸，又有了復課的希望，每個人心裡都感到無比的欣慰，為了在此再等進一步的消息，各校被地方政府分配到民間暫住，我校被指定住趙家花屋。同學們三三兩兩被分散在各個不同的住戶裡，以這個村子的名，可知道這一帶的美麗，村外遠遠近近全是些溪流和池塘，水清澈得人們日常都在食用。溪邊密植的垂柳雖已落葉，但那枯枝低垂仍不減它的柔美，一群群的鵝鴨戲水清唱，撒網、垂釣的漁人到處可見，挽著籃子洗衣服的村婦、村姑，這村外就像一幅淡雅的畫。旭日東升的早晨、落霞的黃昏，又是有色的一幅，這都是太平下的安詳圖。

村子裡的房屋都有著雕梁畫柱，大理石砌成的迴廊，形成了天井式的四合院，表現出濃重的中國文化。古樸中也可看出他們生活的富足。民性良善懇摯，待我們全是由衷的熱誠，作客和他們同住，家家待我們都如家人，他們那裡稱同姓是「家門」，如是被他們發現是同姓，那更是親得像他們自己的子女一樣了。由於他們的善待我們，我們都和他們融會得沒有了生疏感，隨著他們作息，幫助他們做家事。我們自動提起桶子到河邊抬水，到園子裡去拔菜，善於烹飪的也到廚房一顯身手，大家一團和氣得和家人沒有兩樣，我們每個人都覺得又享到了天倫之樂。年長的人常督促我們利用時間去讀書，還勉勵我們每天記日記。他們善意的督促常使我們感動得不敢稍懈，早晚都自動的做功課寫日記，重能拾起書本，在這裡是離家後的第一次，記得那時師生們心裡都稍有安慰。

過年

到宜都的不久正逢農曆年，習俗大都和故鄉相同，所不同的他們食米是大宗，除用個大木桶蒸大量的米飯外，還把米磨成粉，做出很多不同的點心，花樣百出，變化無窮。婦女們蒸、炸、煎、炒，不停的儲備迎年的美味，中國巧妙的烹飪，似哪裡都不願落後遜色似的。

年近了，他們也是貼對聯，吉慶話、祥瑞語、聖賢的名言、傳家的古訓。家家門上都是紅豔奪目的喜氣。年到了，他們祭祖、拜神，那表露出來的虔誠篤信和故鄉也是一樣，探親訪友，給孩子們分壓歲錢。處處洋溢出來的歡樂氣氛，怎不讓我們看了感嘆，只有太平時人們才有如是的幸福啊！

仍有鄉愁

大家雖是分散的居住，只要有人一邀約，我們還是能聚成群，漫遊在小河或池塘邊，看那已有春意的綠野，不自主的就會放開胸懷，做個深深的呼吸，百無聊賴的撿起地上的一塊土，猛力的投向河裡，噗通一聲，驚起鴨群拍拍展翅飛奔，多惡作劇，但心不在焉，心是在遙遠遙遠的遠方，只有自己知道這無聲的痛苦。

每要走出這個村外，原本想是找些舒暢，但北望雪天，反而勾起了鄉愁，淒厲的歌聲、低語的呼喚都會在耳邊響起，善感的海霞每次都唱那首母親歌：「夜正深，夜色淒涼，突然從夢中甦醒著母親，迷離離睜開眼睛，為的什麼身邊少一個人，她的眼中淌下淚，幽幽嗚咽著聲音，我的兒可睡得安息，窗外面彈起促織的琴。」她唱得臉上全是淚水，大家聽得都是腸斷。

宜都這段等待的日子，有歡樂也有悲傷。

乘船往零陵復校

政府支援的手終於接觸到了我們，十四所學校聯合，命名為豫衡聯合中學，指定到湖南的零陵復校，聘任胡雪峰先生為校長。我們這一群流亡道上的學生，自此得了名也有了主，這次再結隊出發是國家派定的民船作交通工具，順著長江，再穿過洞庭湖，直往零陵。

一艘艘的民船排滿了江邊，這對我們這一群北方孩子來說，是很奇特的一種交通工具，我們只在圖畫中才看見過，船身的寬度只有十數尺，長度也不過兩丈許，船身中間是個半圓形的席棚子，棚子下面是船夫一家人的鍋灶，他們三餐在這裡造廚，順著這個棚子往下方，可以下到船艙裡，這艙位裡船夫儲存有物資，也可以坐人，晴天可坐在船前船後的甲板上，遇有陰天可坐入船艙裡，每艘船可乘坐七、八人，船的動力就是人力划槳。初看到這些船，我們實在有種恐懼也好奇的感覺，因為我們從沒有乘坐的經驗，看著這滔滔滾動著的江水，真不能相信如此似一朵的葉舟可以載人，奇怪的是，水上的交通工具竟是如此的簡單。儘管我們是驚懼奇怪著，我們仍是奉命上船，記得當我一腳踏上去時，我心加快跳得像要從嘴裡衝出來。那船夫船婦和善的用雙手攙扶我們往裡走，他們關切的臉給每人不少定力。我和瑞琳上了同一條船，接著又派上來幾位高班的同學，最後團長（芙芝）又被送了上來，看見團長上來了，瑞琳我倆像吃了一顆定心丸，心裡暗自慶幸，因她的膽識和她一向對我們的照顧，都使我們減少了恐懼。

船開了，船夫用力搖起了槳，船身隨著他們的力量向前滑行，迎面吹拂著江面送來的微風，出乎意料之外的平穩舒適，特別是回憶著往日風雪中的那段艱苦的跋涉，乘著這緩緩徐行的人力船多是一種享受。此時正是初春，江水是那樣的清澈又平靜，江岸上的新綠和花紅相互輝映，兩岸上的村鎮時隱時現，晨曦的朦朧、晚霞的柔光，多少時候都會使您覺得身在圖畫中。高班的群英、宗英、玉玲三位同學都是象棋高手，想不到的船家竟還備有棋盤棋子。她們對棋論戰，船上安靜得又成了壁中之畫。

船的行程每天是一百華里，傍晚即靠岸停留，也許船夫們的經驗和計畫，每晚靠岸都是江邊比較繁華的碼頭，我們一上岸，當地政府都出面接待了，按著生意行號的經濟能力，把我們三人兩人不等的分配到他們的家中。吃住就全由這家來安排了，也許是湖南同胞的熱誠好客的關係，我們每到一處，都會使我們有賓至如歸的感覺。每晚我們對哪個新地方都是突然來訪的不速之客，但是他們從沒有厭惡過我們，家家都是竭盡至誠的招待我們。驚人的是每家端上桌的菜都不下十餘樣，只是魚，他們能做出很多不同的菜式和滋味，不管你看或吃都會令你咋舌，往往我們都受寵若驚了，他們總還認為我們吃不慣米，再做些麵食，他們那無微不至的體貼，常常都使我們感動得淚下。更感人的是那些更善心的人，夜晚他們把我們脫下的衣服洗了再烘乾，不聲不響的再放到我們的身邊，等我們上了船，無意中摸口袋時，竟發現了紙包著的銀元，紙上一行小字「一點薄禮，收下妳路上零用」。他們為善不欲人知、高尚的德行義舉，給了我們多少的溫暖。如此的機遇曾好幾次，同學間更多，每天要再上船前，不知會傳出多少感人的善事和佳話，沒有人不是幸運的。

日復一日，我們都是白天在船上，夜晚住宿在碼頭上的住戶裡，午飯船上供給。共同生活了多日，船家和大家也熟了，船上坐悶了，我們會要求他們停岸邊讓我們沿途走一段路。晴朗的天氣裡，走路可真是一大享受，踏著路邊的小草野花，烘出了那不知名的飛蟲和小蝶，春意像是迎面撲來，乘風的稻浪頻送著特有的芳香。田間到處有耕作忙碌的農人，他們樸實淳厚的笑臉，堆滿了無限的熱情，只要你停下來聊上幾句，他們不是執意的要請你到他家裡去，就是一定要分一些他們帶到田裡來的食物和飲料，他們真誠得多少次都令我們卻之不恭的感覺。

走累了，我們招招手，船又停在面前了，此時我們是快樂的遊山玩水，一點沒有了逃難避亂的心情。

欣逢喜慶

萬里無雲，是最晴朗的一個好天氣，天藍得像把江水都照清了，晴空裡吹著些微風，風向正讓船吹向順流，船夫搖槳似也不比往日費力，速度便加快很多。到了預定住宿的碼頭，太陽尚未西下，岸上明亮仍是白晝。碼頭通往的街道上響著鞭炮，傳出悠悠揚揚令人耳熟的聲音，擠擁著些嘻笑喧嚷的人潮，我們好奇的加快腳步，朝著人群走去，看清了原來是一家在辦喜事，娶親。令我們不解的，怎麼一群人擁著那衣冠楚楚、肩上斜披著一條紅色彩帶的新郎不住的笑鬧，弄得這位男士羞怯怯的好不自在，另外那位穿得花團錦簇的新娘，倒是談笑風生，落落大方的向擁擠著的人談話。使我們感覺這對新人有點顛倒了的樣子，稍後弄明白了，原來這裡有招贅的風俗，招贅是娶男而不是嫁女。

這家人很富有，這條小街上的人都為他家的喜事浮動了。這晚正是大宴賓客，慷慨的主人竟通知分配我們吃住的人說：「這群學生我們全請了。」於是我們成了當晚喜宴上的座上客，席間，我們得知這位主人是自己克勤克儉奮鬥成功的商人，富而仁慈、樂善好施，很受鄰里的敬重，只有這麼一個獨生女兒。這裡有招贅的風俗，這家獨生女的擇婿入贅，更是理所當然的事，宴席是相當的鋪張，街坊鄰居都來了。院子裡架起大爐灶，除下酒的冷盤外，一會兒上一碗蒸的、一會兒又是一碗煮的、煎的、炸的、甜的、酸的、辣的。豐盛得細數不盡。我們染上了這家的喜氣，頑皮的同學也比手畫腳的亂玩著剪刀石頭布在猜拳，笑鬧得也全忘了自己是不速之客，異鄉人。

那對中年夫婦是那樣的忠厚、慈祥，他們是富商卻沒有銅臭的俗氣，男的穿著藍色長袍，外罩一件羽緞的黑馬褂，頭上戴頂黑緞子帽，帽子正頂上有顆鮮紅的結疙瘩，一身裝束更增強了他那古樸的禮俗味，一臉可掬的笑容，表露著的全是祥和。女主人穿的是一身寶藍閃亮的軟緞衣褲，黑亮的頭髮在腦後梳著個大髮髻，髮髻上插著一朵喜洋洋的紅花，雍容又高雅。他們竟然帶著女兒女婿走到我們的大家桌前來敬酒讓菜。我們飄零的身世，南來流亡的原因給他們的歡樂上蓋了一層輕愁。這對夫婦對我們就更為殷切了。命女兒多照顧我們，夜晚就安排我們住在這裡，這位秀麗能幹又帶著幾分豪放熱情的新娘，對我們的遭遇更有著些好奇。使人想不到的，她的洞房花燭之夜，伴她的卻是我們這一群流浪人，本就有些生疏而羞怯的新郎坐在屋角裡，成了我們談話的一名聽眾。這個不期而遇的一日夜，是我們乘船旅途中很特別的一段插曲。

次日和他們依依道別，不僅我們個個滿載一日的食物上船，每個船家也得了他們贈送的食米，船漸漸的遠離了碼頭，我們每個人都在心底默默的為他們祝福，願這慈悲為懷的一家人永遠不要遭到厄運。

一個四代同堂的幸福家庭

傍晚到達的這個碼頭，所通往的鎮市有點像座古城，沿街的房屋都很古老，全是不太高的瓦屋，我們登岸已是黃昏了，加上天空有雲，街道兩邊的房屋遮得這狹小的街道更有些陰暗。我們列隊行走著，來接引我們的地方官挨家挨戶的把我們往住戶裡送，也許他們是有計畫的以示公平，每戶都分擔招待的責任。這晚很特別，我們竟分一人住一戶，這是他們的安排，我們都沒做任何的抗拒，只是對著這人地生疏、陌生得毫無所知的情況，心裡升起些許恐懼和孤單。瑞琳我倆一直都是在一起，大有相依為命的不能分離，可是今晚連她和我也不能在一起了。一時我更覺著孤單寂寞，但這有點是像命令，似乎每個人都得服從。我就聽那位官員的指示，跟著一位年輕男士進入了這一家，我們慣常的，下了船都揹著我們那個背包，裡面幾件衣服、幾本書，這也是我們唯一的財產。

這家臨街是店面，向晚了，那一塊塊排板式的門都關上了，只在中間開一扇小門，高度恰能進去一個人，我被這個陌生的年輕人引領著進了這個小門，不自主的一種恐懼、孤單使我打了一個寒噤。撲臉一股子米糠味，我很自然的四下張望，不太明亮的燈光下，我看到這間屋子左右很長，後面從地面到天花板堆積著土色的麻袋，近門邊一排是些大型的方木箱，沒有蓋，我下意識的在身邊的木箱裡摸一下，原來都是白米。我不問而知這是家糧行、賣米的，跟著這個年輕人再往前走，通過了一個天井院，再往後面去，我被引進院子西邊一排有三間房子的正屋裡。迎面走出來一位中年的婦女，她有點驚疑的看著我，直等這個年輕人向他們說了些我不太能聽懂的話，這婦女臉上突然有點憐惜的微笑，並示意讓我坐下，我放下揹著的東西，環視這間屋子，磚鋪的地，年久得都光滑了，黑漆的古中國式的家具，雕花還有點描金，潔淨得一塵不染。這位女主人一直帶著笑，但是我倆語言不通得像是兩個相遇的異國人，雖都在善意的笑，可是都很不自在。一會兒，她走出去了，等她再走進來時，後面跟著一位比她年輕的婦女，雙手捧著一大瓷盆冒著些微煙的熱水，水裡放著一條帶花的嶄新毛巾，這個年輕婦女說：「妳洗個臉吧！」意思我是聽懂了，但她那語調還是有著很重的鄉音。我兩手伸在熱水裡，握著那軟乎乎的毛巾，她們的這番禮遇，使我的陌生頓時減除了一些，沒想到我尚在洗臉，她又端著一個木盆走來，裡面又是熱水，她身子一斜，進入那掛著門簾的裡間裡，再出來告訴我說：「妳洗完臉到裡間再去洗洗腳，這樣妳會解除些疲勞。」然後她用更關心的語氣說：「妳一定是很累了。」聽了她這些話，我心中原有的恐懼、陌生、寂寞，一下子全變成了感激，特別是我洗完了，她們搶著替我去倒水，她們如此友善的態度，我除了感激更覺得罪過了。一會兒院子那邊又跑過來幾個男女幼童，他們衣冠整潔入時、眉清目秀，一臉天真的好奇看著我，我親切的向他們招招手，他們有點陌生的膽怯，不願過來和我接觸，反使我感到一股羞澀了。

晚飯時間到了，我被這位中年婦女帶領著，進入一個擺著一張大圓桌的餐室內，兩位頭髮已見灰白的男士，陪著一位鬚髮盡白的老人和一位年齡相仿的老太太，她戴著一頂黑絨帽，帽子的正中間和兩旁綴著三塊很對稱的翠玉如意，老太太牙齒沒有了，但臉上並不失她的神采，老先生的臉色更是紅潤，一對目光炯炯有神。我一進門，吃驚的是他講一口我能聽懂的話，我一心的怯生一掃而光。原來這位老人年輕時在北方讀過書，語言相通頓時備感親切，接著他們的兒媳、孫兒、重孫相繼進來，老人同我介紹後，我明白他們已是四代同堂，全家有經商的，有做事的，也有正在讀書的。老人加重語氣的說：「我們這一帶四代、五代同堂的家庭都很常見。」看著他們一張張洋溢著幸福快樂的臉孔，我發自心底的對他們羨慕，可惜他們都操著鄉音，除老先生外，我不能和他們交談，只能分享他們表露出來的快樂。女士們不住的往我的碗中送菜，桌上的孩子們，對我還是一臉的好奇，但他們並沒有交頭接耳，吃飯時，他們還是很有規矩，我也暗自讚佩他們的家規，他們真是一個有教養、有規矩，而且也充滿了幸福快樂的四代同堂的家庭。

飯後，老人帶我參觀他的書室，一張大大的書桌上擺著古老的筆架、硯台，原來老人還寫得一手好的書法。屋子除些線裝書外，牆上還掛著些刺繡品，有花鳥人物，還有些治家格言，老先生介紹說：「有的是祖傳下來的，有的是內人的手工。」他指著那些繡字，很引以為榮的看看邊上的老太太，老太太給我一個很自謙的淺笑。我欣賞著這些精緻的繡工，領略了為什麼湘繡是馳名全國。

這一晚，我實在自愧是個不祥者。凡被問，我回答的全是悲慘的事，本很快樂的老先生，一直為我的談話而慨歎，他並且很沉痛的說：「妳來得不多餘，我們也該及時做些心理準備才是。」

他們給我準備了單人房間，一個精緻、圍著紗幔的帳子床，床上放著軟綿綿的新舖蓋，但一夜我是輾轉反側，不能好好的入睡。腦子裡閃動著這快樂的家庭，和這一對慈祥的老人。

米天米地稻穀香

故鄉產小米，色黃粒小，因此家鄉人叫白米是大米，由於家鄉不出產大米，所以白米在那裡似乎是很珍貴的糧食，能日常大量吃大米的家不多，一般只給老人煮紅棗白果稀飯吃，像是吃補品。記得幼年時，母親常煮來給祖父祖母吃進補，老人家捨不得全部吃完，總留一些給我和弟弟吃，我們常拿著湯匙數著米粒像數珍珠，喝得其味無窮，碗都喝空了，還想著那可口的餘味。

再者就是有客人時才做大米乾飯。蒸一鍋米飯，再熬些蘿蔔白菜，粉絲豬肉澆著吃，家鄉人叫「大米乾飯肉澆頭」。這是待客上好的飯菜，物以稀為貴，我記得兩三斤的白麵粉，才只能換得一斤的大米，所以簡樸的故鄉人吃米是奢侈品。

我們自從上了船進入湖南境內，覺得是米天米地似的，田裡是稻子，場裡曬的是稻穀，家家屋子裡都有米，袋子裝的、木箱裡盛的、簍裡、筐的，更多的穀倉、米店。米在這裡是取之不盡、用之不竭的樣子，地理課本上讀到的「湖廣熟天下足」這句話，真是這裡米的寫照，而且對我們這群吃米像數珍珠、嚼鑽石的人，真是大開眼界。本來吃白米已夠可貴的了，每餐還滿桌子的魚蝦蟹類，多少時候都使我們發自內心的讚美，湖南真是太富足了。衣食足而知禮義，這裡的同胞更是熱情、豪爽、忠厚、誠摯。我們所到之處沒一家不是幸福、富有、快樂的生活著。

湖南煮米飯的方法

他們先用水把米清洗，第一道、第二道洗米的水混濁有糠，他們把它存在一個大桶子裡，米洗到水清了，放在鍋裡加水煮，煮到汁黏時，全部倒在一個竹子編成的篩子裡，讓米湯汁順著篩子流入原來洗米的混濁水裡。這桶濁水和米湯加了糠作為豬食。半熟的米沖洗後再放入鍋中，加少許水，蓋上鍋蓋燜蒸，直到水乾米熟。由於淋出了米湯又濾水，他們做出的飯是一粒粒分散的，鍋底的鍋巴未見他們食用，多半都泡了水，作為豬食用了。

記得在家鄉凡是吃次米飯，那酥脆、黃焦的鍋巴，常比米飯還受孩子們的歡迎，在襄樊一日只兩餐飯時，大家更搶食鍋巴充飢，在湖南他們竟把鍋巴作為豬食，我們更覺得這裡食米富足得連他們養的豬都是幸福的。

一則喝米湯的事

一個傍晚，我們遇上一位主婦在煮飯，她把那黏黏的米湯汁，又順著那個竹篩子往餵豬的那個水桶裡流，熱呼呼散著香味的米湯汁，一股股的衝進我們的鼻孔，看著、聞著實讓人有糟蹋食物的心痛。我們群中的德惠同學，想起了她祖母講的一個故事，她背述著說：「從前有對老夫婦，家中生活很困苦，糧食總是不足食用，兒子長年在外工作，只有媳婦在家侍奉這對老人，媳婦非常孝順，常把不夠食用的米煮稀飯，她把上面稀汁喝掉，留下來分給公婆吃，但是日子久了，公婆都日漸消瘦，她卻皮膚細嫩、臉上白裡透紅，顯出很健康的樣子，親戚鄰里都閒言相傳，說她一定是挑好東西自己吃了，讓她公婆挨餓才會這樣。一天她丈夫回來了，見了她也很不解的和她爭論，她說出了自己喝稀飯湯，讓公婆吃稠米的事，於是米湯汁比米要營養自此就流傳開了。」

聽了德惠的故事，我們更覺得她們煮飯的方法是糟蹋了米中的養分，妙的是自那天起，凡再看她們做飯淋米湯，我們大家都會要求她們接點來喝。特別是再加上些白糖，就會更清香可口了，喝下去那股潤澤的舒暢，更是不喝的人無法品味了。湖南人稱那個淋米的篩子叫筲箕，那淋下來的米湯，因為要餵豬叫筲水。調皮的同學們，把我們這一組人起個別號叫「筲箕下搶喝筲水的人」。我們曾笑答：你們要聽聽德惠祖母的故事，怕也會搶著去喝哩！況且如每人真品嘗了那米湯味，怕這些家的豬都要提出抗議了。

一則笑料

一天上了岸，大家都餓得飢腸轆轆的，這次我們是六人被分到一家，正好輕鬆的可坐下來，這家人晚飯剛吃過，見我們到了，老闆娘（湖南稱女人為老闆娘）和家人趕忙收去盤碗，再從廚房端出新菜來，把我們一人一碗的飯也都添好了。他們全走出餐廳，讓我們自己慢慢吃，老闆娘說：「飯在鍋裡。」說完她也離去了。我們每人吃完了碗裡的飯，大家才察覺誰也沒有聽懂老闆娘說的「飯在鍋裡」的這句話。碗空了，肚子可沒飽，又不見飯，大家都開始怨了，有人說，這家人真是富而不仁，米在這裡是這麼普遍，不少家把餘飯都拿去餵豬，他們竟不給我們吃飽，也有人說小器、笑臉假善等等，說這家不好的名詞，低聲的在我們嘴裡出來了。夫子傳生不足得拚命用那雙長筷子挾菜吃，她似乎不再顧及盤子吃得見底了是不禮貌的事，團長舉著筷子就想敲碗，被我噓了一聲，她放下了，德惠說：「今天如早到能喝點米湯汁也好些。」大家全都委屈的對望著，想的都是再能有碗米湯該多好。這時老闆娘笑嘻嘻的走進來了，她看我們都面面相覷的對坐著，忙走到餐桌邊上那個矮桌子前，一手抓起那個木桶的蓋子，嘴裡嚷著「呷呀呷呀！」那飯香隨著她的聲音傳了過來，我連忙端著空碗走過去，先打破桌上大家這一片呆痴。我用很謙遜的語氣請教說：「這盛飯的木桶叫什麼？」老闆娘給我添著飯，一邊告訴我說：「這叫䉛子，是我們蒸飯的工具，人口少的人家是用䉛蒸飯，人口多的人家是用鍋蒸飯，一次可蒸的多，還可再熱了吃。過年時我們用的鍋更大，蒸一次飯可吃上七、八天。」聽了她的話，我領悟到他們過年大量的蒸飯，很像在過年時家鄉的蒸饅頭。

老闆娘告訴了這個蒸飯的䉛子，大家都似撥雲見日的除去了心中的疑慮，每人順序的來添飯。常言說走鄉問俗，只是這小小的一個蒸飯的工具，如不知名就會鬧出人與人之間的誤會。

自那天起，我們遇到不少家蒸飯都用䉛子，這個蒸飯用的工具，普遍得就像北方的蒸籠。

吃飯

吃飯一直都是我們感到很尷尬的一件事，特別是每晚在不同的地方作不速之客，儘管主人們都是那樣的熱誠和親切，但是用具和吃飯的習慣，總使我們不自在得笨手笨腳的，他們的筷子是長長的，比著家鄉的筷子像是長出了一大截。使用時手指怎麼試著去掌握，還是有不平衡的感覺，特別他們的米飯又是一粒粒的，筷子挾起來的總不能滿嘴，一不小心會掉得滿桌子，急得不知是用手往嘴裡撿，或者是該往碗裡掃，忙亂得面紅耳赤。他們卻吃得輕鬆自然，不管是男女和小孩，他們都是左手端起碗，右手握著那長長的筷子，碗邊對著嘴，右手上的筷子像是有拍有節的往嘴裡撥，撥夠了才再挾菜，慢慢細嚼，看他們吃飯像是有板有眼的，熟練得我們更覺得笨。

記不起名字的學校

這晚很特別，上岸後，我們集體進入了一所正在放春假的學校，晚飯是伙食團的大鍋飯，菜沒有那些住戶中做的細緻，但擺出了不少碗盤，熱情、親切，仍讓我們有賓至如歸的感覺。這個學校環境優美也寬敞，太多的日子，我們沒有看見過學校了，這突來的新鮮感覺，也不免引發了我們的鄉愁和思家。特別是一進校園那觸目恰似梧桐的兩排樹，差點讓我們驚叫，這不是女中的第二院嗎？這感覺似乎讓人流出了眼淚。

吃完了飯，我們分別看了今晚要住的宿舍，就三三兩兩的去逛這個優美恬靜的校園，凡有一條小徑兩邊都有樹，花池、園圃，都可以顯示出他們把環境的美化。醒目的標語、各班級的布告欄中展示的作業、書法、圖畫、作文、日記，另一面大牆壁上還有著一大張五顏六色的壁報。這一切的一切，使這個放假中的學校還是顯得並不寂寞，我們邊走邊看，恨不得這就是我們的學校，能停這裡該是多好，但這只是枉想。大家漫步著，空氣中靜得像只有你自己的心跳聲，這個說：唉，好像聽到了鄭老師的彈琴聲，那個說聽到了鄭老師的歌聲，更有人高叫：「王肖明在前院搖鈴了，也有人說：王乾娘又端來那碗苦湯子了。」大家都像走出了現實而他去，於是越走就越不是滋味了，芙芝永遠是那顆開心果，她高聲叫了起來：「嗨嗨，別忘了明天要過洞庭湖了。」她的叫聲一下子把大家都叫喚了回來，那一直對洞庭湖都有著的憧憬又油然而生，仍還有著些童稚的我們又興奮了，有的就提議早回宿舍睡覺，以便明天有精神觀湖景。

上下鋪的雙人床，我們生平第一次看到，新奇又興奮，爭上搶下，大家吵得亂糟糟的，等睡定了也還是不安分，上面的人故意把腳伸下來擾亂下面的人，下面的人乘機去抓那伸下來的腳心，叫鬧笑聲四起，誰也不能入睡。夫子傳生卻有點高枕無憂的背起書來了，「銜遠山，吞長江，浩浩蕩蕩，橫無際涯，朝暉夕陰，氣象萬千。」調皮的芙芝在下鋪大叫：「嗨！嗨！還有一天的行程哩！妳怎麼可登上岳陽樓啦？」她的話說得俏皮，引得大家哄然大笑。那個被大家終天叫她莫糊的勇超，聽到芙芝說岳陽樓，沒等大家笑完，她可有拍有節的「若夫霪雨霏霏，連月不開，陰風怒號濁浪排空」，沒等她住聲，大家又一轟而叫：「別啦！別啦！妳這個小狗嘴裡不吐象牙。怎麼盡想起這些倒楣句。背點好的嗎！」我和瑞琳是擠在一個下鋪上，我倆合聲拉長了腔，「上下天光，一碧萬頃，」芙芝又大叫：「小鬼真行、真行。」大家又是一陣哄然，吵吵鬧鬧這一晚都不知何時才睡去，記得夢還是在夢洞庭湖。

在蝦子身上睡了一晚

這個近湖的小鎮，我們又被分散到各家去住，瑞琳我倆分配在一對很年輕的夫婦家中，這對年輕人是郎才女貌，清秀雅致，既有氣質又和善有禮貌，他們擁有一個很大的雜貨店，但乾魚和蝦米、蝦皮是大宗，店前店後貨物堆積得似都沒有了空間，晚飯後住的問題看他們是為難了一陣。我和瑞琳看出了他們的窘態，就告訴他們，我們一路流亡了這麼久，很多簡陋的情形我們都已習慣了，要他們不要為難，我們誠懇的態度，除去了他們的困擾，他們就抬了塊大木板，放在那個占了半間房子的大籐簍上，放上鋪蓋就成了我們臨時的床鋪。真沒想到我們睡的這塊木板下，竟是這麼一大簍的蝦皮，大概這蝦皮已做了清潔和處理，因為那一股股衝入鼻子的香味誘人得很，我們不自主的想吃一點，翻兩下身，琳和我真的伸手進去，捏食起來了。入嘴了更是鮮香，對我們這江北佬可真是開眼界，蝦皮能這樣成簍成筐的多，簡直像家鄉的糧食囤了。我們新奇得吃個沒夠，兩人樂成一團暗笑不停，想著要告訴同伴們，恨不得此時就天亮，告訴她們我們昨晚睡在蝦身上，大家定猜想我們是否進了海龍王宮，兩人吃吃說說笑笑，也不知何時才睡去。

這堆滿了貨物的空間，透進了一線線的曙光，瑞琳和我忙翻身起床，知道是昨晚說笑睡得太遲了，心中不由得有些驚慌。這少婦聽到了我們的動靜，輕輕的推開了我們的房門，堆著一臉溫存的笑，謙和有禮貌的問我們說：「昨晚睡得好嗎？」湘女多情，這少婦的溫文有禮，可真是代表了，她態度好得讓瑞琳我倆想起昨晚吃蝦皮的事，就覺得有些愧疚。我們洗完了臉，她那幾碗熱騰騰的麵已在飯桌上了。香菇、蝦米、燻魚塊、溜魚片，上面還加著個鮮嫩的荷包蛋，生平我們也沒吃過這樣豐盛的麵，哪知道我們把筷子插下去還有鮮筍片和木耳呢，受寵若驚可真是我們此時的心情，但那位少婦還一再的說：「簡單，簡單。隨便啦，隨便。我們真正的住家不在這邊，這裡只是生意，希望妳們能多停一日再到家裡過夜吃飯。」這碗麵吃得可真滋潤。這少婦也真是知音，臨走前，讓我們包了大大的兩包小銀魚和蝦皮，她說：「這是處理好的，你們可在船上川湯佐菜，也可就這樣零食。」瑞琳我倆可真是喜出望外，昨夜我們還在那裡想著，怎麼裝上兩口袋向同伴們炫耀哩，於是正中了我們的心願。一路上我們真可說是處處留情，這可敬可愛的夫婦對我們又是難捨依依，又要趕路，我們還是走了。

今天大家可都是好學生，不是邊走邊背著國文的岳陽樓記，就是學說著地理老師所講洞庭湖。背的背、誦的誦，誰腦子裡都是在搜索著有關洞庭湖的景色，興奮著登上了船，行不到數里，湖上的風力越來越大，一下子湖心翻起了怒浪，船不能前進，而且也直接在浪頭上打起了轉，撐船的人皺起眉，連說：「不能走了，不能走了。」眼看大家的衣服也被打向船上的浪花霧濕了，船擺動得讓人心驚肉跳，我們也大叫讓他們快靠岸。范仲淹筆下的「銜遠山，吞長江」，那翻著怒波的湖，真讓我們見識了它的雄偉。

那少婦見我們回來了，她樂得反感謝這突變的天候，我們放好了背包，她帶我們去逛魚市，形形色色賣魚蝦的人和攤位，這魚市真熱鬧非凡，活蝦、鮮魚，在水中的還在游，放在板子上的仍在跳，大蟹伸著雙鉗亂舞，大魚掛起來割著賣的，放在板子上剁著賣的，像家鄉肉販賣豬肉牛肉似的，那大魚肥大得活像隻小豬，我們看得驚叫，這真不愧為魚米之鄉。引領我們逛著的少婦，邊走邊說：「可惜你們來的不是季節，我們這裡出產的蓮藕、蓮子最為出名，味美可口，妳們會吃得叫絕，菱角也是好得稱奇，還有荸薺，吃起來脆甜多汁，更沒有餘渣，怕是任何他處出產的荸薺都不能媲美。」正說間，迎面就看見一擔荸薺在眼前，沒見那少婦給的是多少錢，那賣荸薺很快的就裝了一竹籃，只見那秤錘在秤桿上猛一滑，賣的人忙說：「好啦！好啦！」隨著聲音就遞過來了。富足中連買賣的人都有著那種大方的寬厚，這才是純真的中華文化。為了讓我們快嘗，我們順著來路快回到店中去了。男主人用力削了給我們吃，女主人忙去下鍋煮熟的讓我們品味，那脆甜可口真是名不虛傳。這一天，魚蝦我不知吃了多少種不同的做法，怎麼不叫我說了再說：湖廣熟天下足，這魚米之鄉的人們真幸福！

再過洞庭

第二天，小船載著我們，再試著渡湖，但再次被風浪捲回，於是確定這民船是不能達成任務了，地方上的機構設法給我們交涉了商船，商船是大型的帆船，但艙底是裝滿了貨物，我們只能坐在甲板上。大家一心的要看湖景，聽說坐甲板大家都更為之興奮。

登上了這條揚著巨帆的大船，我們比劉姥姥進了大觀園還要高興，昨天的小船像是要被大浪吞噬，今天的這條大船大得似裝下了那起伏的浪頭，使我們也跟著像征服了湖的勝利者，心中有說不出的驕喜，放下了背包一個個樂得雀躍，有的人快摸出紙筆想寫生，有的人要快把這快樂的一剎那寫下來，也有人迎著風要高歌了，人人都像要恣意的捕捉這難得的機遇。風有力的吹著那揚起的巨帆，帆也像是用盡全力的拖著船，湖面上遠遠近近不少如此的帆影。半空中不斷有沙鷗飛旋，這湖心是有畫景詩意，但是掃興的是風力越來越大，雲被風力快速的捲動，密擠濃厚，更像是很沉重的往湖面壓來，隨著黯淡下來的天空，視線漸漸的被縮短再縮短，雲霧和湖面似分不開時，那雨柱就向著湖面瀉下來了，大家淋得像受了驚的羊群，在甲板上跑著往一塊擠吧，艙裡下不去，只有直著頭讓大雨無情的從頭頂往下倒灌。雨像無情的軟鞭，抽打得誰也不跳了不笑了，衣服濕透了，漸漸感到冷得瑟縮，大家拚命的往一塊擠，想擠聚了彼此能取點暖。不少人從背包中拉出些衣物遮蓋，但一會兒那遮蓋的東西也濕透了，大家成了一堆落湯雞，天、雨水、湖面成了個茫茫的大霧團，船本來是前進，但風浪逼得像是後退，也像是在旋轉。我們那一心對洞庭湖的憧憬，被大雨風浪全沖碎了。名湖我們是這樣橫渡的，一直都引為憾事。

柳暗花明話零陵

火車站的最後一站是冷水灘，自此再沒有交通工具，我們需要步行到零陵。冷水灘可真是名副其實，離了車站就是一大段沙灘似的路，行走起來相當吃力，加上一月多來都是乘船，又坐了一段火車，長江、洞庭湖的風光，和那沿岸同胞們的熱情殷切的照顧，我們被寵愛得不像逃難，而像是旅遊了，這下子突然又要跋涉，真是一百個不情願，但是想著目的地就要到了，心底還是升起不少的興奮。走完了一大段沙灘的路，接著是些小丘嶺山道，蜿蜒起伏，沿途林木、竹叢、怪石、野花、潺潺的溪流、鷓鴣聲聲，使人感到鶯飛草長江南之美。

陸陸續續宛屬的十四所學校（高中、初中、師範）全到達了零陵，集體改名為豫衡聯合中學校。分高、初中兩部，高中部住高賢村，初中部住相距六里外的何湘觀。這裡是湖南古老富裕的村莊，多處都是寬敞的四合院，家家似都有很多空餘的房屋。在我們到達前，教育部已把住戶多餘的房屋給我們準備成宿舍了，以各個房間的大小放進了數目不等的雙人床。就是過洞庭湖的前一晚，我們曾睡過的上下兩層床。大家高興得幾乎跳了起來，各送友好住定了房間認定了鋪位，一下子像是有了自己家一樣的安全感，這是多少月來第一次有這樣的感覺。

我們女中高中部分配的這個地方，好像是這個高賢村的首富人家，大門前有石階，石階兩邊有石條、石墩，兩扇紅漆的大門，門上有兩個銅質的獅子頭，獅子半張的嘴中銜著兩個大銅環，門頭的上方中央處是一個大長方塊的大理石，上面刻著高賢村三個大金色的字，由這大門前面的裝飾，可以知道這家人家的富貴。進大門是個天井院，穿過天井院是一條東西橫著的長廊，長廊兩端有兩個圓形的門，進入這個圓門是一排南北長的廂房，不太深的院子，有石階，地上全鋪著磚，可能久不住人，地上生著薄薄一層綠苔。這個長廊的中間是個大過庭，過庭裡一大排屏風，穿過這過庭往後面是深深的庭院，還有幾層我們不得而知，是這家主人的住處。我們高二高三班分住在這兩邊的一排廂房裡，這古色古香的庭院，雕梁畫棟，高貴也帶有些豪華，住定了，我們大家可真有些興奮，感覺自己成了這深閨中的小姐似的，擁有了這樣一個華貴的家。

住宅外面的景色也是美極了，四處都是起伏的小丘陵和平原環抱，丘陵上是樹木和竹林，平原上是沃野的稻田，小溪流轉處處，水清可以見底，披蓑衣戴斗笠的農夫、水牛牧童、小河裡撐著竹筏順流而下的漁人，這一切的一切，形成了一幅不用著墨的圖畫。更可貴的是這個太平沒有戰火氣息的寧靜，生活也全由政府安排好了，教室也是大型的民房改成的，雖然不是單獨的課桌椅，但是那全新木板架起的桌凳很實用，黑板教具應有盡有。政府對我們這批流亡學生的苦心，師生們都感動也感激，因此大家不敢稍誤時日，很快就開課了。合校後最受惠的是我們女中的同學們，因我們的老師逃出來的不多，幾位年邁的老師中途不支而折回。這裡集所有男校老師的精華，特別是三門主科，英文、國文、數學老師都是出身北京大學的名牌，在宛城是最叫座的，要上課了，我們女中的同學都興奮得一夜不曾安睡，美中不足的是課本不夠使用，需要抄寫一些才能讀，但是人人都自告奮勇，毫不覺抄字厭惡。席地而坐，雙人床的下鋪用來當桌子，一個人比一個人勤奮，上課時大家聚精會神聽講的樣子，像是整個人都凝固了，誰都說生平讀書沒有這樣用心過。

英文課的李榮甲老師，個子高高的，英俊挺拔，經過了這麼一大段流亡道上的折騰，上課時，他那身中山裝穿得還是平展展的，他頭髮有點少少的捲曲，一對有神的眼睛，使得他有一臉的智慧和嚴肅，走進教室，使你有一種被震懾的感覺，我心中暗叫，名牌的老師到底是不同凡響，內心那種如飢似渴的求知慾所得到的快樂，真是不能形容。第一堂課課文講的是莫泊桑的項鍊，他清晰的讀音、詳細的講解，講完了再帶著大家讀兩遍，也許是自己內心的興奮和聽講的專注，一堂課聽下來，這篇小說好像就能背誦了。他用高級試驗英文法的形式，再分析課文中的文法，然後用他那濃重的聲音說著question、question，大家再發問，於是生字、句子、文法一股腦兒，在課堂上全部輕易的消化了，我們女中這幾個同學上完了第一堂課，高興得真是想飛想跳，像是得到了寶物。夫子吳傳生下了課，邊走向宿舍邊捧著那抄本可讀起來了，頑皮的芙芝永遠也改不了她的滑稽，邁著她那個八字步，聲音壓得低低的question、question，我們一群又笑彎了腰。

數學黃茂德老師，據說當年是北京大學數學系的高材生；南陽城內幾所學校的校長們，年年都為能聘到黃老師，苦口婆心的去請求，黃老師能答應兼一兩堂課，就是學生們的福分了，這是在南陽城盛傳著的事，我們女中的同學們還沒有見過黃老師的廬山真面目哩。上課這一天，大家把鉛筆早就削得尖尖的，還沒有走到教室，心都在狂跳了，興奮得像是有大喜事。黃老師一襲青衫、一雙布鞋，面帶祥和，文雅得像古代的書生，但他卻一腦子的X、Y、Z，講解時，他背公式熟悉輕快得如行雲流水，令我們欽佩得五體投地，大代數本是個很艱澀枯燥的課，黃老師的祥和，像把它柔化了，那些平日讓人眼花心亂的中括號、大括號，什麼正呀、負呀的符號，開平方、開立方，幾個Z、幾個Y，腦子都沾攪痛了的東西，在黃老師的教導下，都變成了可愛的音符了。我本是個與數學無緣的人，此時做習題困難似也不多了，滿心充滿了信心和希望。在學校時我最怕上數學課，大代數的成績常是停在死活的邊緣上，每上課，怕老師叫起來演黑板，嚇得總是冒汗，現在上數學課卻有點迫不及待了。

國文課的張子靜老師，也是北京大學國文系的名人，在南陽也是叫座而被爭聘的老師，和李、黃老師是高中學校有名的三傑，張老師的文學史最聞名，第一堂課，他用很詼諧的口吻說：「咱們既也被貶謫到永州，咱們就先找柳宗元吧，讓他帶著咱們看看這永州八景，我們也就不虛此行了。」他話尚未落住，大家被他的話題引得轟然而笑了，雖然我們也是第一天上張老師的課，大家一陣無拘無束的笑，一下子陌生全沒有了。張老師開始講柳宗元的生平，柳宗元是跟著母親盧氏讀詩賦，二十一歲就中了進士，聽得同學們咋舌。老師在黑板上書寫：「順宗永貞元年，王叔文、韋執誼等執政，裁宦官，整理政治，被引用為禮部員外郎，不幸順宗病立憲宗，王、韋等得罪，柳宗元被牽連貶作邵州刺史，在去邵州的路上又被貶作永州司馬。」書寫完畢，老師轉過身來說：「永州就是咱們現在所住的零陵。」說完了，老師又幽默的說：「地靈人傑，我希望妳們每人都能作幾篇好文章。妳們看，現在的永州山明水秀，不是柳宗元被貶謫時的蠻荒之地了。」聽完大家又報一笑聲。就這樣輕輕鬆鬆把柳宗元一代文豪的生卒年月、官宦經歷、所有的佳作、後人的纂文、墓誌，瞭如指掌了。老師的教授得法，令我們都有事半而功倍的感覺。

復課給我們帶來了無比的滿足和快樂，早上只要窗子灰白，大家就會趕忙起床，到屋外的小溪邊去盥洗了，梳洗畢，天色漸漸大亮，人人都捧著書，走到屋後面的小丘上深躲在松樹下，或竹叢間，放開聲音，朗朗的誦讀起來了，英文、國文輪換著讀，這小丘全被讀書聲充斥，鳥兒、蟲兒似都安靜的不叫了。讀到太陽在天邊升起，肚子也有點餓了，太陽和肚子就是我們的標準鐘，走到大廚房，負責管伙的同學，已把簡單的早餐分配好了，稀飯、饅頭、一盤鹹菜，六人一組，就地而蹲，吃完早飯，就是上課的時候了，每天這一段的早讀，大家最認真，也最生效。

白天上課，忙作業、忙背誦，時間比較容易過去，夜晚沒有燈光的設備，近了黃昏，什麼事都不能做了，有時在溪邊洗洗衣服，那遍地的螢火拉下了深沉的夜幕，蛙聲蟲聲此起彼落，劃破了這寂靜的夜空，由於室內沒有燈光，我們會三五成群的坐在屋外的田園上，談談白天的課業，免不了也會回憶往事。如遇有月色的夜，不定是誰會有感的高歌一曲，「故鄉，我生長的地方，本來是一座天堂，那兒有茂密的叢林，映著小小的山崗，那兒有清澈的河流，映著垂陽……」這歌聲像一陣淒冷的寒風，侵襲、抖顫了每個人的心房，這是我們最思鄉的片刻，禁不住也會涕泣嗚咽。悲一陣，夜意更涼了，大家又擁著回到室內，沒有燈火，胸中的思潮起伏又難入睡，此時是最難耐了，芙芝永遠是大家無耐極限的轉捩點。「蘇三離了洪桐縣，將身來在大街前，未曾開言心痛酸，過路的君子聽我言，哪一位如能助我南京轉，來生變馬，我就當報還。」黑暗中飄然一段響脆而帶著淒婉的平劇青衣，而且有板有眼的，大家對芙芝都另眼相看了，大家驚訝得破涕為笑，異口同聲的說：「咳，妳哪兒還學來了這一套啊！」一哄都笑了。做夢也沒想到夫子傳升，憨憨混混的竟也喊出了《釣金龜》中的老旦，「叫張毅，我的兒，聽娘教訓，待為娘給嬌兒細說端詳……」沒等她細說端詳，大家都拍掌叫絕了，夫子這一腔喊得可真是字正腔圓老旦味兒。高個子王文榮像是不願示弱，「諸葛亮站壇台用眼觀望，霎時間東風起，一片風光！」想不到她這個外鄉人（王文榮是河北人）竟當起了我們南陽的諸葛亮。瑞琳、庭華、士惠和我變成了甘拜下風，自嘆不如了。自這晚後，我們像是發現了新大陸，凡有那耐不住和無燈苦悶的夜，就逗著她們哼京戲，於是這幾段戲哼得我們這個寢室的人全熟了，誰都可以青衣、老旦鬚生的哼幾段，鄰室高三同學還有來學的，我們這排宿舍常會咿咿呀呀的送走這無燈的黑夜。

距離我們住的這個村莊約十里路，有個小市鎮，逢單日有集市，街上不少做生意的，每輪到誰管伙，就可以帶著伙夫到市鎮上去買東西，每去就像是一次遠足，稻浪翻著綠波，處處都有淙淙的流水聲、飛舞著的小蝶、跳動著的小蛙、農人們舞蹈似的踩動著水車、站立或躺臥著的水牛，這一片美麗和樂的天地，走在這裡，可真叫心曠神怡，那裡真是太美了。

到鎮上除為伙食團辦採購外，自己也可買些必須品，只要我們宿舍裡有人當伙委到街上去，這天一定有一次麵條吃，在這裡吃麵成了很珍貴的點心，因政府發給的伙食只能清淡的果腹，每天樣板的是米飯、鹹菜和乾蘿蔔絲，能吃點麵是最大的享受。小街上有郵政局，可以寄信，只要在江南如漢口上海等地有親人的，都可寄信聯絡，只是往家鄉的信是無法投遞，不少人也聯絡到了在武漢、上海經商的親人，因此每到集市上去寄信也是件大事。

這時我和在蘇州的父親、武漢的叔叔都聯絡上了，我不斷給父親寫信，父親每回信總把我信中的錯字，在他的信紙頭上畫個大大的方格子，把糾正的字寫進去，所以每接父親的來信，使我得到那關愛的溫暖。這段時間我覺得自己比別人幸福，但是我在和父親不斷的通信中，知道他那裡從江北湧來了很多的流亡學生，他那邊大有人滿為患的感覺，在那邊的學生不要說上課了，吃住都感到短缺，比起我們這邊安定的生活，正常的三餐飯，還能上課，這裡是再好沒有的了，我和父親都決定讓我留在零陵，我們暫時不要團聚。

更幸運的是二叔也來信了，二叔只是一位族叔，但他自幼離家，到漢口跟著一位中醫學習醫道，他可能飽受離鄉之苦，很能知道流亡的苦況，他的這封信是隨著一個小包裹來。那天我在校本部領到了包裹，像是見到了久別的親人，捧著包裹我竟泣不成聲。二叔的母親六奶是祖母的好友，拿著二叔的包裹，我想到六奶，想著六奶，我像是又看到了祖母，於是一串串家鄉的往事，全在這包裹上翻騰起來了，緊抓著這個小包裹，我像是摟緊了那些親人，總能使我不哭！

二叔給我寄了一塊陰丹士林布，這塊布裡面捲了兩雙過膝的長襪子，襪筒裡我又掏出了三塊銀元，包著這銀元的是二叔寫給我的信，他這樣的寫著：

冬姪女：

接到妳的來信我很驚喜，妳一個小女孩子，能徒步跋涉了幾百里路，到了江南，實在不易，妳的精神可嘉，是咱祖上的德澤，使妳有今天的平安。離鄉背井，人地生疏，早晚飲食衣著要備加注意。我同妳父親也有聯絡，妳弟弟和家鄉另幾位逃到武漢的親族，我都給他們做了套新衣服，另襪子兩雙，銀元三元，因是初次不知妳能收到否，銀元數目不多，等妳回信我當立即再寄。即祝

學業進步

二叔手書

二叔的信給我心理上很大的支柱，當天即買了很多麵條，在伙房煮了，讓好友們都吃個盡興。

香椿鴨蛋塞翁失馬

因為伙食是大家輪流管理，每人為了爭取自己是最好的伙委，調配菜都盡了苦思，在有限的錢中沒法能換換口味。史天傑是高三班上的黑美人，高高的個兒，人長得勻稱也端莊，皮膚不白，但黑得滋潤細質，這是為什麼大家給她送別號黑美人，一對靈活美麗的眼睛，人們見了她都會說她聰明。她管伙食的這一天，早上大家從山坡讀書回來，尚未走到廚房，都叫著說有香椿炒蛋味兒，走近了人人更張著鼻子空聞著叫，鵝蛋炒香椿！鵝蛋炒香椿！有人也不能信的說：「別做夢了，哪來的鵝蛋。」哪知走到擺飯的地方，每組都有一碟香椿炒蛋，對著這碟珍品，大家又驚喜的叫，還是黑美人有辦法，做出了無米之炊。說穿了，她可真費了苦心，原來我們住的這個院子裡有個大鴨籠，每晚房主的那群鴨在稻田中吃飽了，就歪呀歪的來這裡棲息。史天傑知道鴨生蛋是在晚上，她暗自起來了幾個夜，在鴨籠裡抓出了這些鴨蛋，香椿是她在另一家房主院子裡採來的。她本想是讓大家吃珍品打牙祭，自己也願是個好伙委，可是知道了這個來歷後，不少人說她不應該這樣做，扒鴨蛋的事應該向老闆娘實說了（湖南人稱女主人都是老闆娘）。她被大家責怪得真的去找了老闆娘，而且把扒鴨蛋的事也照實說了，塞翁失馬，焉知非福呢！老闆娘先稱讚她這樣的愛好心切、再誇她誠實善良，反提了一籃子的鴨蛋讓她給我們再加餐，這個牙祭更打得大，史天傑真的被稱作好伙委。這家人的富而又仁，在我們中間也傳為佳話。

領窩、小郎中

沒想到我做了好事，反落了這樣兩個名。天氣漸漸的燠熱，大家都在小街上買了花布，在課餘間做件短袖的小褂，有能剪裁的人，但她們就是不會挖領窩，我倒是記得母親做衣服要挖領窩時，用一條線，在要穿這件衣服人的頸子上圈一周，然後把這條線拴起來，線的一頭放在衣服對摺的正中央，把線彎成弧形，讓線的另一端正好遇上衣服對摺後面的正中央，然後用剪刀順著這弧形剪，剪好後，這塊布正好是個半月形，把這塊半月形翻轉到另一邊，同樣大小剪下來，這個領窩就圓圓的出現了，我回憶著母親這些動作，先在自己的小褂上面做試驗，做出來是恰恰好。於是我的剪領窩就傳揚開來了，每個寢室做小褂的人都叫著讓我剪領窩，叫著叫著我的名字也沒有了，索性都叫我領窩了。

日子久了，同學們不免也會有病痛，最常見的是嘔吐、噁心、肚子痛。在家鄉時，鄉間鄰里遇上有這種病症，都會去請鄰居張七奶，見她老人家食指在病人的肩膀尖上摸一摸，看樣子是在找部位，找好了，兩手的食指拇指對著捏，捏得變紅了，她用支做活的針在那紅塊上點，點得出血了，她再用大蒜頭在上面摩擦，一切做完了，病人真的是手到病除，一下子痊癒了，這些事都深深的留在我的記憶裡。看到同學們病得痛苦時，特別是那些肚子痛作嘔的人，我想我何不讓她們一試，我思索著張七奶治病的樣，我就如法炮製的來試驗，真沒想到，我也竟手到病除的給同學治了病，連我自己都驚奇，我這個「小郎中」的名又傳開了，再後只要同學們有病痛，就讓我去治，對那些嘔吐的可真是一針見效哩。

悔恨不該的惡作劇

男女同學間有兄妹的、表親的，也有是未婚的夫妻，男同學有時少不了有點縫縫補補的小活，都找有關係的女生做。我們同寢室的劉庭華，我記得聽人說她在家曾有人和她說過親，對象就是男同學米寶成，於是我和瑞琳兩個小調皮就對她開玩笑，拿著士惠未婚夫送來要補的襪子，說是米寶成送來的要劉庭華補。庭華是我們群中最老實的人，她就真的聽信了我們的話，一臉少女的喜悅，拿著就補起來了，她這一認真，我們倒是不知如何是好了，於是將錯就錯，就讓她做下去了，哪知她做好了，一直都情意綿綿的等著米寶成自己來取襪子，我們才感覺事情糟了，耐不住，只好告訴了她實情，庭華摔了襪子，怒紅了臉，就大哭大罵起來了。她那平日的老成，變了爆發的火山，誰也勸不住，我們越認錯賠不是，她越哭得痛，瑞琳我倆羞得恨不得地上有個洞可以鑽進去，玩笑鬧得太大了，那次對我們是一大教訓。

加讀英文課

南陽城內的學校，只是小學時男女合校，到了初中起男女學校就分開了，於是男女界限分得很認真，加上習俗的保守古板，男女同學分界嚴格得真是到了授受不親的地步。上了中學就是在小學很熟悉的男同學，見面也很少談話了，自在零陵合校後，我覺察到男女合校並不像一般人想像的會有弊端，相反的，倒還有不少好處哩。就以在教室聽課來說，大家都正襟危坐，自治的行為比較好，如平日最常見的一些調皮動作，或者是在課堂上的交頭接耳，倒是很少見。彼此特有的那種求榮譽要面子的心理吧，各門功課似準備得更充實，不管是被老師叫起來背國文背英文，都是朗朗上口得很少打著結，到黑板上默寫生字，演數學題，也都做得乾淨俐落。各種事情似都存著一種強烈競爭，也要求好的心情，女同學的這種心理還更勝些。老師們看到同學們如此的努力振奮，教課也更認真賣力，各門功課比在學校時進度都快速，而且也更收實效。

這時我們更熱中的是英文，每週上了李老師的課仍覺不夠，我們邀了一群同學，請求教高三的蔣振東老師再給我們加課。蔣老師也是北京大學外文系畢業的高材生，他和李老師的教課聲譽一樣，於是每週一三五下午在全部課餘後，給我們再加一課，他給我們送了馬克吐溫、海明威等的小說，經他細心的講解，大家讀起來就更趣味無窮了。課本都是自己抄寫，每人那種分秒時間都在爭取的心情，光陰真是貴於寸金。每上完課都熟讀背誦，不到把課文全消化了不會罷休，蔣老師深為我們的努力而感動。

蔣老師住在男生宿舍邊，我們每去總要走一大段路，一些頑皮點的男同學譏諷我們是故意來顯眼，怎麼一週上了五堂英文還不夠。發自他們這一心的妒火，他們就惡作劇，品頭論足的給我們這些人送綽號，要不就是在我們走路時躲在暗處叫一二一、一二一，大家常被叫得亂了步，羞得臉部是緋紅的，儘管他們是這樣的惡作劇，我們大家那學英文的興致還是與日俱增。

女生宿舍後面是小丘，男生宿舍前是條河，夾岸全是樹木，早晨這小丘上、河兩岸邊到處都散坐著讀書的同學們，每人都是讀得那麼聚精會神，這美麗的晨光中，又混合著這一片讀書聲，像更美化了這片天地。

娛樂活動

大家如此的勤奮讀書，有些老師們考慮到也需要一點娛樂，李老師是李榮甲老師的胞弟，他頗有才藝，能拉胡琴，又能唱京戲，於是他發起組織劇團，讓同學們自動報名，布告貼出後，男同學們報名參加的非常踴躍，學生劇團也就成立起來了。有京戲組和南陽地方戲高台曲。在李老師的指導下，男同學自製了胡琴、鑼、鼓和一些必需的道具，京戲組是諸葛亮祭東風，高台曲組是安安送米。那位小學女校長的兒子張世鋒是演祭東風的諸葛亮，一襲道衫、一頂道帽、一掛黑色長髯，站在搭得很高的祭台上，讓人真有諸葛亮再世的感覺。安安送米是齣民間老戲，故事是一位凶狠的小姑，虐待她善良的嫂嫂，戲中的嫂嫂、小姑兩個旦角都是男同學裝扮的，他們的扮相固然已使他們失去了男兒身，那一舉手一投足是更維妙維肖得像女人。故事是這位小姑把嫂嫂逼得到廟裡去做尼姑，而她那個年僅六歲的兒子，每天在姑姑做飯的時候偷拿一把米，積存多了，到廟裡送給母親。劇中那稚齡小童偷米純潔的孝行，和他們母子相會時柔腸寸斷的傷痛之情，他們表演逼真得讓很多人失聲痛哭出來，他們的演技令師生們叫絕，真沒想到這群流浪人才藝如此橫溢，讓人有藏龍臥虎的感覺。

他們超時的演藝，使負責的李老師興勁更濃，於是更擴展計畫，徵取更多的同學自由報名參加，除京戲、曲子，又加上了話劇、雜耍，排練的劇目也不斷的增加。觀眾也由同學擴大到地方上的百姓們，真正做到大家同樂了。表演的同學演技越來越精良，喜劇可笑得讓人捧腹，悲劇能賺取無數人的眼淚。這些娛樂的活動，使學校和地方百姓打成一片，大家親切的視我們如鄉屬子弟，很和樂融洽的相處，生活、讀書都均衡的發展，人人的心裡都充滿著希望。

信件漸漸的少了

信件漸漸延長了到達的時間，早寄的信有時會遲到，遲寄的信偶爾會早到，有些混亂不規則的樣子，校本部收到的信件包裹裡，一天天的減少，也顯出了些不尋常。連著幾封父親給我的來信，都誤了很長的時間，兩封信中都說給我寄了包裹，一個是衣物，另一個是書本和文具。收到信，我是多麼的迫切希望著快能收到包裹，特別是說衣物包裹的那封信，父親寫了很多，並說明是給我寄的長衫旗袍，他說這是他教中學時的一位女同事，自抗戰到現在都沒見過面了，這次她也是隨著洛陽的一批流亡學生轉進到了蘇州，遇見了父親，知道我隻身離家，就把她的兩件旗袍給父親，讓他寄給我穿。我看了信很感動，但是最興奮的是父親說「這兩件旗袍收到時，妳可以穿」。我簡直是受寵若驚，因為我自小都穿男裝，到了中學時代都是穿制服，家居就是過年父親也從不允許母親給我做旗袍穿，不知父親是否受著祖母的影響，好像他也永遠不要我以女孩子打扮，我一直對別人穿女裝很羨慕，對自己不能穿也很委屈。這次是破天荒，父親竟然給我寄旗袍來，還說讓我收到了好穿，因此每天下了課，我就會往校本部跑，希望能收到包裹，但是每去都是乘興而去，敗興而歸，次次都是失望。而且失望的也不是只有我一個人，大家都在說信早收到了，說有包裹，可是收不到。其實這信件包裹的日日反常，已經是不吉祥的徵兆，江南的社會現象已開始混亂不安，老師們的臉上漸漸的蒙上愁容，原來江南吃緊的消息，他們已從傳聞中得知了。

再遷移

僅僅四個月安定的時間，短得簡直是如曇花一現，虛無得也像一片薄雲，一陣狂風飛散得一絲也存留不住，人人的希望也破碎得著地有聲，再也收拾不起來了。教育部一道命令要我們快離開鄉村，遷往零陵城內，以便緊急時便於遷移，這命令有如晴天的霹靂，眼前的美景全被這雷鳴變了色，大家又被這愁雲籠罩著，重新又整理行裝，準備往城中遷移。村中的人們知道我們要前往城中，每人都有些依依不捨的離情，我們更難捨這個美景如畫的環境，何況在這裡生活是這麼安定，能正常的上課讀書，臨行彼此都灑下了熱淚，相見待何時？我們內心的傷感真不次於離別故鄉的片刻。

前往零陵城內

順著來路步行到了零陵城內，我們到達臨時的住處，人早被政府安排好了，這裡是零陵城裡一座最大的廟，高中部的女生被安排到這裡。我們女同學住的是大殿，那些巨大的泥塑彩畫的神位，臨時用席子把它們遮著，一排排的雙人床擺在前面，睡在床上鋪的人對神像仍是一覽無遺，睡在下鋪的人也仍能看到神桌的一半。這個很不尋常的宿舍，初到些日大家都不能安然入睡，就是熟睡一會兒，又多半做惡夢驚醒，嚇得全身冒著冷汗，多少個夜大家都相擁圍坐著，遲遲不願上床去睡覺。

這座廟建築非常雄偉，面對滾滾的湘江，鄰街的正門是層層的階梯，進入正門像個寬廣的四合院，院中央全是磚鋪地，正殿兩旁不是房屋，而是上下兩層的寬走廊，男同學們就席地密擠在這兩排上下的走廊上，從這個大院子裡到正殿有二十餘層的階梯，因此這正殿高得更顯巍峨，加上那些懷抱的大石柱和眾神像，再加那鼎盛香火凝聚不散的濃味，肅穆得有點陰森的感覺，比起男同學們的住處，女同學好像是得天獨厚，但和這些神像為伍，嚇得不能成眠時，真恨不得是個男生。這裡只能棲身，上課又只能夢幻了。

生活的方式似又徹底的改善了，每人的天地就是這一席之地的床位，廟外的一切又全是陌生的，誰也不敢外出，老師們分散的住在一些住戶家裡。湘江成了個大的洗臉盆，每天早晨，同學們都到江邊去漱洗，這是唯一接近自然的機會，但是此時的心情，那悠悠無盡頭的江水反載著更多的惆悵，再就是輪班到大廚房幫助伙夫燒燒鍋，做做菜，這也是一天中排遣時間的事，日子是如此的寂寥難耐。班上的同學們聚集商討，再懇請蔣老師能到我們宿舍裡來給我們上課，蔣老師再次的答允了我們的要求，一週給我們上三次課，自此我們又開始抄寫默讀，時間才覺得好過些。廊下的男同學們偶爾也拉拉胡琴，哼唱哼唱他們曾演過的戲，但這聲音不像在鄉村時令人快樂，反覺著有些淒婉。

苦悶中，男同學們結伴到漢口去，他們打算能見到那裡經商的親人，得些經濟上的支助，可是這些去的同學個人的目的並沒有達到，卻帶回來一些令人焦心的消息；漢口市面已混亂不堪，生意全都停業了，這個大都市已面目全非。這些同學去程尚很順利，回程的交通已斷斷續續不能自己作主了，沿途更會不幸的被認為是逃兵，抓去後受些折磨驚險，險些兒不能回到學校了。據這些同學所帶來的消息，漢口方向是不可能再去了。

高三的同學們再結隊到桂林去參加大學的招考，他們順利的去了，也更有幸的參加了幾所大學的考試，哪能料到回程中竟住進了黑店，店主給他們吃了迷昏藥，昏迷後把他們身上的錢財全部搜光了，萬幸保全了他們的性命。這一切跡象顯示，社會上的人已目無法紀，陷入紊亂的狀態中了，厄運隨時就會到來。

我決定繼續往前走

學校接到教育部的指示，讓胡雪峰校長帶領大家前往貴州的遵義。貴州這兩個字讓人聽起來很陌生，也更遙遠。這時整個人心都在動搖、矛盾。都覺得前途是未知的茫然，家鄉一點消息也沒有，現住的地方又是如此的陌生，究竟是往前走好呢？還是就留在此地，誰都為自己作不了主張，唯一能讓人抉擇的是，走是政府的指示，也就是向前走生活會有保障，留下來生活的補給是不能繼續了，因此生活的一切，都是由政府指派地方政府供給的。為了生活，部分的人覺得走是上策，手中有餘錢的同學尚不為生活焦慮，他們覺得停下來好，大部分的老師都因家留在南陽，他們為思念家人也不願再走了，其中黃、李、蔣、郭幾位老師決定不走，影響很大，幾乎一半以上的男女同學都決定不走了。

自遷往城中後，我那盼望中的包裹一直都沒有接到，而且再也接不到父親的來信了。面臨著這樣大的抉擇，我心中矛盾得簡直不知如何是好，因為我的錢並不多了，父親和二叔的去處已斷，於是「走」在我的心中占了一點點的優勢，因為我怕如不在政府的接濟下，一旦生活產生了問題，怎麼辦。此時我唯一能做點商量的是跟著學校逃難的表姊和表姊夫，他們是在縣政府工作，撤退時一家全出來了，堅毅的他們一路上尚沒落隊，在這裡住在一家民房裡，我趕去和他們商量，沒想到我踏進門，他們一家已在做準備了，姊夫打好了他的背包，給他們那個十三歲的女兒也打好一個包包，表姊抱著她那個三歲的小兒，他們那個煮飯的老李，把一擔行李也準備好了，行李一頭的大竹筐中留著個窩，必要時讓這小男孩坐，還沒等我開口，表姊夫就先說：「妳準備好了嗎？跟著學校走吧！」我說：「我心中很矛盾。」表姊夫斬釘截鐵的說：「猶豫什麼嗎？當然是跟著學校走。」他再解釋說：「走到冷水灘就有火車坐，搭上湘、桂、黔路的火車去貴州不難。」留在這裡坐以待斃，不上算。他對我的說話中是那樣的充滿著堅定和信心，然後他再催促著說：「去去去，快回去準備。」隨著他的聲音，我轉身急急的往學校走，我的跟隨學校再往前走就是這樣決定了。女同學要走的不多，但是我的個性就是這樣的倔強，凡有能前進的機會，我多不願後退，好則同樣想法的有十幾位，女同學跟大部分同學們分別是很傷痛的事，我們還是毅然決然的走了。

火車成了空想

離開了零陵，江南的局勢是急轉直下，出發前的理想、預計和事實一點都不能吻合，乘火車是不可能的事，節節的火車到達前都被各機關全包用了，坐滿了乘客還堆積著物資，而且每個車站又都擁擠著要逃亡的人潮，想乘上火車的人不知比列車多出了好多倍，絕望中我們仍是結隊慢慢往前走，但仍是沿著湘、桂、黔這漫長的鐵道步行，因為還是希望著哪一時會有奇蹟。其實這乘火車的希望只是望梅止渴，能見到的列車不是擠滿了人，就是載運著大量的物資，妄想能在任何夾縫中存身，列列火車都是呼嘯而過，揚棄給我們些濃煙和沙石，再就是一次次的絕望。如此日復一日的行進著，兩條鐵軌隨著地勢的曲曲折折，高高低低在我們眼前似無止境的延伸著，前瞻無頭、後顧無尾，顯示著這又是一段無盡的行程。一波又一波的人潮都是向前的一個方向，這讓人以為著前進是福、後退是禍，人人也就向這八個字索取勇氣和力量了。

行行重行行，幸運時遇到有些靠車站的鎮可買些食物果腹，也可存留些第二天再食用，但不幸的時候常比幸運多，多少日餐風飲雨，冷涼的夜忍著餓，在那破舊的火車廂下過夜。霧、露，如細雨，冷涼浸人，在鋪天蓋地的情況下，仰望著滿天的繁星，幾人能成眠，國破家亡，明天又是什麼？人人都在無語問蒼天！

厢外乘客

那一直都在呼嘯著的火車，像用盡了氣力的老牛，每到一站都要幾小時的動彈不得，車廂裡的人都急躁得像熱鍋上的螞蟻似的，推想可能是一天天的混亂，每站的指揮聯繫可能已有了障礙。這列車在每站久停時，不少擁擠在站上的人們，就急中生智了，有些人往車頂上爬，把行李在車頂的邊緣上圍起來，人向中央密擠，但有些車頂是屋脊形的，很難如法乘坐，更有巧思的人，他們用條繩，兩端捆著兩個人的腰，兩人像驢背上搭著的兩個布袋，把自己搭在那屋脊的車廂頂上，這樣的乘上了火車。另外一些人是向著車廂下面發展，他們用繩索木板，在車廂底下搭出一席之地，堆上行李還坐上人，如此車廂裡面擠滿了人，車廂外面又像是被人裹著，裡裡外外，上上下下全是人。為了能乘上火車，同學們見到停妥的列車，也急忙的如法炮製，我們全都是車頂上的乘客，火車不動時承受著風吹、日曬，或者是雨打的痛苦，一旦車身飛馳，每人都被上下左右不停的搖動，上坡了，人整個的往後傾倒，下坡時又全部的向前翻滾，除了腰間的繩索，大家的手都緊緊的互牽著，雙腳也不斷的用著撐力，墜落的恐懼時時都震撼著每個人的心，隨時都會有同歸於盡的危險，特別是火車穿過山洞後，惡耗會隨時傳來；某車廂下撞碎了幾個人，某車頂上幾個人頭被撞破了。最讓人心驚肉跳的是一次傳說中，一個人的頭整個撞沒有了，那個禿頸血如噴泉，驚得人為之髮指。同學們慶幸都沒有遭逢橫禍，但不少人都說：被火車頭冒出的濃煙嗆得快要窒息了，生命危在千鈞一髮間，要算是乘坐火車這段時間了。

有驚無險成笑料

米先生因承祖業，共產黨來了說他是富戶，鄉下的田產被掃地出了門，城裡的房屋因撤退也不能保，共產黨抓到他那是躲不過要鬥爭的，我班上的米罩琴是他的幼女，於是他一直是跟著女中的隊，他心善又幽默，只要能有一點安定的時間，他就會說些詼諧的話讓大家輕鬆一下。同學們有的叫他米先生，有的小同學也叫他米老師，他胖胖的身體又是慢動作，一路上他就是丟掉其他行李，也絕不肯丟掉他那個長長的旱煙袋。當大家都爬上車頂時，他卻很自在吸溜吸溜抽他那旱煙袋，大家要拉他爬車頂，他似胸有成竹的說：「你們坐好吧，我已看定了一個好位置。」原來他所說的好位置是火車頭煙囪邊斜著的一片平鐵板，他人一彎曲靠著煙囪就坐下了，哪知火車一開動，這塊地方的熱度漸漸的升高，熱得他受不了，高聲的大叫：「火車頭，停一停啊！火車頭停一停啊！」急馳中的火車哪有停著的可能，何況他叫聲再大，能聽到的人不多，所幸這一段車程不遠，沒把他燒成很嚴重的燙傷，他高叫火車頭，停一停啊！卻成了大家談起都笑不完的笑料。

桂林的美一分也沒收入眼底

桂林山水甲天下，本來是人所熟知的一句話，王老師在地理課上，更是把那裡的奇山怪石講說得如同描繪，桂林曾如畫似的深藏在記憶裡。在零陵時同學們考學回來，再次的述說那美麗的奇景和市區的繁華，講得令人嚮往，雖在苦難的行程中，大家內心對將要到的桂林都有著一種美的憧憬。哪知到了桂林市內，一切已失去了都市的常態，街上店鋪的門已都關上了，道路上全是慌亂的人群，不是搬運東西，就是急急的奔走，人人都在專注自己的事。我們被指定去到一個大的中山堂裡，這個偌大的禮堂裡滿處都攤著地舖，地舖上滿是坐著或躺著的人，人人是一臉的焦急和無奈，孩子們有扯著媽媽要走動的，有疲累得哭叫的，鬧嚷得室內的氣氛像這亂攤的舖位一樣的亂。我們被指定的一隅，散亂不齊的坐著一群也像是學生的年輕人，衣著年齡都不劃一，看上去他們一個個像失群的孤雁。我們是團體列隊進入的，看起來比他們這群人多了些溫暖和屏障，等我們住定後，發現他們也是學生，他們是中原和松原臨中的學生，他們中途搭上一段火車反而失了群，他們正在焦慮，另一群幼小一點的是屬於一個孤兒院，沒想到我們已奔波了這麼多路，而這裡竟還是這麼多人仍是在等火車。大家一心的焦慮，都是想在這裡能不能再搭上火車，如不能再走，前功就全要盡棄了，因一切景象顯示，這個城也將完了，桂林的佳美全被苦愁遮蓋了，一分也沒收到眼底。

奇遇

萬想不到的，這散亂陌生的人群裡，竟出現了一張熟面孔，我突然看到了小學時代的同學張琦霞，目光一接觸我倆都愣著了，兩人都激動得說不出一句話來。她席地也有個鋪位，他們夫婦擁著一對兒女，鋪位上是亂糟糟的，食物屑、小腳印，孩子們不耐煩的揉著眼睛，樣子是剛哭過。她那綰在頭上的長髮一半散亂了下來，衣服也不整不潔，她那位原很英俊的先生，被那顎下冒出的青鬚，我幾乎辨認不出來了，想他們也是同樣的驚愕我也是如此的狼狽，他鄉遇故知，同有一股難言的辛酸，我們相擁流出了眼淚。張琦霞在小學時比同班的同學都大幾歲，她豐潤、秀麗有古典美人之稱，所以看起來更早熟。頭髮烏黑、皮膚白皙、齒白唇紅，美得常使大家愛憐，有勞動服務的事，同學們都要替她做。她是家中的獨生女，小學畢業沒再升學，後來和一位水利局的工程師結了婚，新式的婚禮，鼓樂伴奏，新得當時在南陽城傳為佳話。連我們這些小學時的老同學都被請去觀禮作客了，當時美人配才俊，不少人都羨慕稱讚，婚後不久他們調往南京，不見面已是多年了，這不期而遇真像是夢。琦霞知道了我流亡隨校南遷，一定要給我一枚她的金戒指，我堅決的不肯接受，但她那股濃重的同窗之情銘刻我的心底，想起就溫暖。

江南的一些機關學校一批批的湧來桂林，一天從一位同學的父執處，我知道父親一位好友蔡老伯一家隨著機關到了桂林，得知後我異常興奮，急忙和文榮按址去探尋，希望能從他那裡得知一點父親的消息，摸索著那轉轉折折的街道和弄堂，幸運竟被我找到了蔡老伯臨時的住處，一眼看到了蔡伯母正管著小兒女們吃東西（蔡伯母是第二任太太，因此孩子們都比我小）。我高興得流出了淚，蔡伯母一臉冷漠，還帶點奇怪我怎麼會來到這裡，我連忙收拾臉上的興奮，轉為探尋的告訴她，我是跟隨著學校兩三天前到了桂林，轉車再到貴州的遵義去，此時聽說蔡老伯你們來了，我想來探聽一下父親的消息。她忙說：「你蔡老伯很忙出去了。」看到她的冷漠我本就想快走，聽她說蔡老伯不在，我馬上要轉身，我告辭的話尚未開口，蔡老伯卻從房門中出來了。一時尷尬得大家都轉不了彎，還是我先說：「我是隨學校來到桂林，此時是想得知點父親的消息。」蔡老伯臉上也不太有表情的說：「蘇州不攻自破了，妳父親怕是沒法再出來了，妳好好的跟著學校行動好了。」話就說得如此的簡短，可帶著逐客令似的，接著又說：「我得去參加一個會。」匆匆就出門去了。我像被迎頭灑下了一盆冷水，回程的腳步像都抬不動了，我抹著淚無言的和同學走著，離亂會使人如此淡漠了友情，何況我還是來探尋父親的消息，並不是來投靠哩！

回憶不住的在我腦中翻騰，蔡老伯每年自開封回南陽來省親，父親他們這一群年幼時的好友，都會多次在我家聚集，母親給他們做出豐盛的菜餚，他們把酒言歡的盛況，多麼親切，多濃重的友誼。蔡老伯每來都會多住上幾日，他最喜歡吃的是夏日剛上市的桃子，母親讓那個勤務恭自賢買了桃子，用水洗清潔後再浸在冷水中，送到他住的房間裡，如此厚待他，因他是父親的好友又是遠道來作客。想著母親那份忠厚，今天我遭他們如此的冷落，人世間的變換使我有不勝寒的感覺！

這一列火車長得出奇，隨著這一帶的山勢，曲曲彎彎得盤環在鐵軌上，最前端用個火車頭拖拉著，尾巴上又用另外一個火車頭往前推，儘管是用著雙重的力量，但車身轟隆轟隆向前行進一段，一轉瞬嗤嗤嗤又退回到原處，車廂內人和物資仍如前的擁擠，車廂外也仍是些車頂車下乘客，列車進進退退不停的搖動著，顛簸得令人作嘔，列車似永遠也走不出這個山窩，誰也不知道究竟是怎麼回事。好不容易爬到車頂上的同學們，也不敢輕易的動，漸漸的下面有些傳聞，列車太長、使力不足、引擎有故障等等傳言如此的傳著，為了怕失去座位，似乎沒有一個人願意下去探個究竟，如此夜以繼日的等，白天有點太陽的熱力，還比較好過些，一入夜，涼風加著那濕漉漉的露水，肚子裡又沒有食物，濕冷真覺得是侵入了肺腑，每個人都禁不住的打著噴嚏，無言中全是那難耐的淒楚，夜色似乎是特別的黑暗，連那觸發一點光的小星星都躲起來了，難耐中夜是更長，更長，這列看不見頭也看不見尾巴的火車，就像是死定了的一條蛇，僵硬在鐵軌上了。

是一個又苦耐了一天的午後，漸見有些人開始離開火車，這些人用肩挑、背揹，或手提著東西，自己要走路了，火車沒有一點要動的跡象，高坐在火車頂上的我們，也都見情勢紛紛下車，但是下了車，同學和老師們一時也做不出什麼主張，但是最後決定還是追逐著這些往前進的人群吧！眼看後退已是無路，於是隨著漸多的人群，大家順著鐵軌開始徒步而行了！

天將昏暗，後面趕上來一列整齊的隊伍，他們雖也是在走路，但是他們整齊的服裝，身上的佩帶和武器，使他們顯得雄糾糾氣昂昂的，他們是急行軍，可是保有著鎮定和肅穆，他們走近了，我們這一群散亂又頗狼狽相的學生，引起了他們的注意。這位部隊的長官即駐足查問我們的詳情，大家相談下我們知道了他們是國軍的二四六團，帶著關懷又焦慮的這位長官，就是該團的團長，意想不到的他竟也是河南人，交互的鄉音彼此都更感到親近，更難得的是，團長屬下的兩位連長也是河南人，一位還是來自南陽的石橋，於是這股鄉情就更濃重了，一下子他們即視我們如子弟，也像是義不容辭的擔起了要照顧我們的責任。從他們那裡知道後面的局勢已惡化，不能沿著鐵路走了，而且要急速往山路小道前進，要我們跟隨著他們走。此時在精神上雖有了支助，但是看著眼前這些連綿著的高山，看不到邊也沒有去路，對前面未知與莫測，每個人的心底都有著一種萬難的恐懼，可是誰又能有個說不字的權利呢？跟著走也就只有這一條有生機的路。

進入山區時已入夜，踏著的小徑都是前面的人剛剛走出來的，倒下去的茅草仍帶著濃重的青味，此時不是草香卻是荒涼感，草更是滑溜溜的，一不留意就向前跌了下去，夾道的樹枝雖被踐踏折斷，但仍像是不屈服的猛力彈上來，一下下的向人身上鞭打，一鞭又一鞭，打到臉上時會驚疼得眼中直冒火花。夜黑得什麼都看不到，天地都成了一個黑團，連眼前最接近的人也不能收入此視線裡，只有用耳朵去分辨腳步聲，去追趕隊伍。這條踩出的山徑忽高忽低，身子是前仰後倒的跌撞，再吃力的向上爬一陣，氣喘得就像炎夏那熱得伸長了舌頭的狗，無力得也像那拖不動車的老牛，汗把衣服全濕透了，臉上的汗滑流到下顎處，點點的滴落，雙手不停的揮舞著擦拭，軍令頻傳著要緊緊跟上隊伍，不要作聲，如此連喊叫和想哭一聲都不可能，腦子唯一能指揮的就是走，走，用全力的走，拚命的走！

宋老師落入了山谷中

漆黑中突有石落樹枝折斷的聲音，隨著這聲音是淒厲的一聲慘叫，大家都驚覺到有人掉到山谷裡去了，我心驚得突然狂跳，怕也跌下去，腳不敢抬，腿也軟了下來，就在這時不遠處傳出求救的聲音，「老師等等我呀！老師等等我呀！」這聲音帶著驚恐、掙扎、絕望，僵直得比哭聲、哀號都淒厲，一聲連著一聲，一聲比一聲哀鳴僵硬，由聲音中大家辨別出，那是宋先生，因宋先生是和高中部陳老師同行，陳老師是宋先生的老師。由他哀叫的聲音，同行的同學們判斷他並沒有落入谷底，黑暗中也不知是誰的機智，要大家快解下背包上的繩子，大家摸索著打結接連，結長了在一頭綁上一塊石頭，對準著宋先生的叫聲處慢慢往下送，他們低聲的呼喊著宋先生，讓他摸繩子，同學們的心沒有白費，及時把宋先生救了上來，這一群營救宋先生的同學，和後面跟著走上來的同學，和前面的隊伍脫節了一段距離，我也是隊尾的一人，追趕上隊伍時那股歷險又脫險的雙重經驗，在心版上像是個大大的烙印，緊急中人們就有那超然的智慧，同學們都暗自讚嘆這位同學的機警聰慧，宋先生更是感恩大夥兒的救生之德了。

黎明到達了一處山村，散亂著些房舍，但並沒有看到居民，早到達的軍中弟兄們已撐起鍋灶做飯了，一處處都是燒柴冒出的煙。到達這裡，我們這些女孩子都疲累得要癱瘓了，腿和兩手臂全是跌傷，兩腳上的水泡破了浸著血，坐下來能相擁著喘息下，比吃東西還覺著需要，我們本也是無米可炊食。

軍隊的弟兄們施予他們的關愛，煮好了飯給同學們分食，軍中弟兄們這份厚愛，使每個人都感激涕零，這是數日來第一餐飽食。

用過早餐，天色仍有點蒼茫，為了積極趕路，飯後並沒在這裡多停，又繞著山路慢慢的前進了，飽食驅除了一些疲累，相對的也增加了不少的力量，行進間，人人的腳步也都加快了，雖是一片荒山，但白晝趕走了夜晚增加的淒涼、恐懼和痛苦，至少前面有著個得見的目標。由於路面狹窄，隊伍排成一個一字形，武裝的弟兄們在前面開路，後面各個兵種都緊跟著，我們這些學生尾隨其後，繞了大半天的路，漸漸進入了一帶不太高的山區，這些丘陵沒有樹，只是些蔓草，丘陵錯綜連環又像是一個龐大無邊的草原，陽光照射下輕風翻著草浪，這起伏的山巒日影卻是一幅大自然的圖畫。由於山的坡度不高，大家走起來還不算吃力，也沒人在此時叫苦，特別是遠遠的看著這個一字形的隊伍，前面那些英勇揹著武器的官兵們給我們很大的依仗，也有更多的安全感。

前邊不時也傳遞著些消息，說「向晚時一遇有村莊即會紮營炊食休息」。聽到這一次再次的傳令，大家都不停的看著漸次西偏的太陽，希望它趕快的西沉，也更盼著快有村落出現，盤旋在山巒上的隊伍遠看就像一條粗繩，在山腰繞了一圈又一圈。接近黃昏時大家都感覺有點奇異，怎麼越走這些山巒越有點似曾相識，就在我們大家奇異這似曾相識的山巒，前面突傳來我們現在回到了上午走過的原地，原來早上在村中找的帶路人，他們在暗出壞主意，故擺迷津讓隊伍迷亂在山裡，他們還期圖招來土共消滅這支隊伍，萬幸部隊及時發現了他們的詭計，飽打他們一頓，他們才吐出實情。經一番折騰，他們破除迷津指出了一條去路。

這個意外得知土共在此猖獗，部隊恐有土共勾結共軍追襲，尋到去路傳令大家快速疾走，以免寡不敵眾，意外傷亡損失。疾走間，很快日暮轉入了黑夜，為了衝出這已知的危險區，住紮、晚飯似都不再作考慮了。夜漸深，將進入的這個地帶像是能種植的稻田地，因為只感到腳下一會是田埂，一會是泥沼，偶爾也有些潺潺的流水聲，一會兒攀上一塊高地又像進入了故鄉的高粱田，不同的是，這些葉子密擠又嘩嘩作響，打到臉上又有些劇痛。每人就這樣的隨著人群跟著聲音走，使人意外的每走進這種田間，人們衝刺前進時，這些植物倒落時發出一片清脆的聲響，不知是哪個人聰明，發現了這是甘蔗，一個人傳一個人，大家都彎下腰抓起來啃食了，知道後我也彎腰隨時抓起一根，拿到手，使我大吃一驚，比家鄉的甘蔗兩倍還要粗些。飢餓、口乾、舌渴，使我不自主的快用力啃咬，更是意外的酥脆，易咬，水多得像吃西瓜，甘蔗如此甜而多汁是生平第一次經驗，想必也是這個地方的特產。在夜以繼日的跋涉飢渴交加下，此時甘蔗真是恩物，誰也管不得這是誰屬了，人人都乘機咀嚼，給奔走求生時增添些力量。

一夜間，甘蔗是解除了大家的飢渴，但不幸黎明時分，甘蔗田裡卻出了一則慘禍。一位小同學進入路邊的甘蔗田拔斷一根甘蔗，哪知甘蔗斷聲響起，槍聲也隨之而來，一顆子彈不偏不倚正好打中了這位同學的下顎，下牙和下嘴唇整個翻了起來，一時鮮血如注，他的前胸很快也被血染紅了，隊前陳耕云老師撕下衣袖替他包紮，但是那止不住的血仍是往外衝。這位同學面色蒼白，人也整個木呆了，竟然也沒有倒下去，人更僵直著一步一步的追趕著隊伍，陳老師一直細心的攙扶著他走。在這人人緊迫著追趕隊伍的當兒，誰都有愛莫能助的感覺，在這種慘狀下不能伸出援手，想人人都是愧疚心碎，奈何！

這位同學是槍彈下犧牲的第一位，陳老師背包中的衣物掩蓋了他，他成了棄屍荒野，也是異鄉的亡魂！

白天行走時，看著這一座座連綿的山，真不能去想何時才有盡頭，一程又一程村莊是沒有個影子，對我們這群來自中原又是八百里平原上的人，真是知透了這個地帶的地瘠民貧，也是不毛得人們不能生存。好不容易能見到幾個住戶，土牆、草屋，連家鄉人家的牛棚都不如，散亂無章，沒有一點住的文化。令我們更奇怪的是，好不容易發現幾間茅屋，但都是人去屋空，這裡想不會有戰亂，他們更不會是避砲火，可是屋子裡就是沒有一個人，四壁更是空無一物，能看到的只是些乾草、朽木、枯枝，他們連個鋪鍋灶的力氣都沒有，如這裡真是有人生活的地方，那真是比戰爭洗劫後還要悽慘，這些人究竟到哪裡去了？

一次在一處屋子裡發現一種景象，屋子的正中央吊著一根粗繩，繩子向下的盡頭有個大鉤子，鉤子上鉤著一個圓形直徑深度各有一尺的鐵鍋，鍋離地有尺餘高，由鍋子裡剩餘著的粒米和焦鍋巴、地上的餘燼和被燒得黑焦焦的一塊，可以判斷原來這就是他們的鍋灶，他們就是如此的燒飯。後來每再到一處，就會發現一間屋子裡會有一塊焦土和餘燼，但大多數那繩子下吊著的鍋都沒有了，這些僅有的居民為何離家他去，一直都令我們不解。

這一處處人去屋空、一無所有的情景，使我們這一群夜以繼日奔走的人也無處覓食，軍中弟兄們隨身所帶的食米漸漸用盡，他們也成了自顧不暇，一天無足夠的食物自給，更不能和大家分食，飢餓成了大家的問題。但是這後來的日子仍要繼續的走，靠著一些奇遇去覓取食物了。

兩天了，沒曾遇到任何食物，難耐的飢餓中萬幸遇上了一處山村，飢餓使同學們每個人都不顧一切的在村子裡四處搜尋，一位同學一腳不慎踏入了一灘泥沼裡，哪知卻意外的在腳下踩出了一條比手指粗不了多少的番薯，她如獲至寶的有意再往下踏，越踏越出奇，裡面全是一條條的小番薯，於是大家一夥兒索性用手抓摸了。原來這是居民們的故作的埋藏，這一發現被大家抓出了不少，不少人連忙洗了生嚼，恰巧另外一位同學找到了一個破鍋，大家又忙用石頭支起加水來煮番薯，你撿柴他燒火，忙亂中預期這煮熟的田薯口水都直往外衝，哪知越燒鍋底就越捲黑煙，原來鍋底有漏水的小洞，於是燒火的人拚命煽火，撐鍋的人繼續提水來加，算是勉強把番薯煮成半熟，大家就搶食起來了，誰管有的還不乾淨帶有泥土，皮也捨不得除去，狼吞虎嚥吧，這是兩天來第一次飽食，這些小番薯實勝過山珍海味。

這天可說是最幸運，不知是誰又在草堆下翻出了些稻穀，一時大家一陣狂喜，但如何能食，又是對穀生嘆了，有人就建議用石頭來搗，但何時才能成米？因此又使這位同學計窮，又有人說去找碾，荒山僻野這不是家鄉，這意見更是說得離了譜。一位沉思的同學拎起那個破鍋說：「我們用這個來炒嘛！」於是大家不約而同的都像開了竅，拿著穀子就往這個破鍋裡倒，鍋底一加熱，這些穀子即開始噼～啪～的不停開出白花，一粒粒穀子都變大起來了，大家樂得臉上像穀花一樣的裂開歡喜的笑。更雀躍撿拾蹦出鍋的米花來吃，感覺味道更是無比的焦香，於是這粒粒炸出的穀花，大家更視如珍珠般的可貴了，邊炒邊想辦法去儲存，不少人脫下一件上衣，把袖口紮起來，用兩條袖子做口袋，把穀花裝得滿滿的，於是大家都有了存量，這是上天特別的支助吧？由於這個大發現，隊伍在這裡停得最久，軍中的弟兄們也都如法炮製，人人都是滿載。往後的幾日就是遇不上一處村鎮，沒有人煙的地方，食物難找猶如上青天，大家就這樣一把一把咀嚼這所積存的穀花，遇上山泉就狂飲一陣，在這段行程中，生命就是這樣苟延了。

肚子餓了，只有這粒粒的穀花暫時的維繫一下，山路的坡度越來越高，氣喘得像要把嘴裡的舌頭都要吞下肚去，胸部喘得收縮發痛，不少人邊喘邊擠出那一聲聲我不走了！我不能走了的語句，但是口中在說，腳可是並不敢停下，兩邊的山高得也像是要擠攏過來，隊伍仍是做一字行，就在這時，兩邊的山腰間突然響起了稀疏的槍聲，有時像是對空射擊，響聲落入谷底就像是陰天的一串炸雷，有時平射在山間，激起些回聲像是槍從四面射來，驚得人不住的打顫，雖飢餓疲累，喘得接不上氣，然更得加快腳步。這槍聲是個大的震撼，軍中的弟兄們都急持槍做準備還擊狀，氣氛就更緊張了，但他們只做戒備，並沒有向任何一方槍響處還擊，山路是如此的陌生、艱險，如在此遭到圍攻，看只有損兵折將百無生路了，也許這就是他們只做戒備，而不做任何還擊的原因吧，我們這一群赤手空拳的學生，想也是他們不便在此槍戰的原因！槍聲仍是不斷，偶爾啾的一聲，會有一顆流彈，情況漸次更可怖了，軍中的長官們下達命令，要這列本就單行的隊伍，人與人之間快再拉長距離，以減少流彈的命中機會。

命令一道道的往後傳來，飢餓、疲累、喘氣，又加上死亡的恐懼，這是人類求生本能的一股特有的力量吧，每人都更快更快的加緊腳步。把人與人之間的距離也加長了再加長，槍聲不斷的在響，時而也有流彈在頭頂穿過，這顯見的是山頭躲藏的持槍者，是向這支隊伍挑釁，部隊一直保持著鎮定，傳令讓大家肅靜急走，趕快衝出危險區。這隨時都會被流彈射殺的恐懼，我覺得全身的汗毛一直都豎立著。

又一陣的狂射，落地的子彈好像多起來了，遠遠在前面的一截隊伍有點亂了的騷動，一會兒傳下來一位叫杜達先的同學被流彈射中了，據傳是子彈自大腿處又穿入下小腹，漸漸的路上有他片片的血跡，也頻傳著他疼痛的哀號，悽慘更震人心腹，不少的同學因驚恐而流淚了，大家都也不住探聽杜同學的情況，這都是得靠著一個人一個人慢慢的傳達，最後說衛生連的弟兄們給他包紮後，用擔架把他抬起來了。這件意外的事發生後，前面要大家加長距離的傳令就更頻仍了，長官們也一再傳令安慰大家，今晚一定能到達一個鎮市，讓大家多忍耐，盡力能快點走。

已入夜了，遠遠的地方出現了幾點昏暗的燈火，比夏夜的螢火光亮得不多，但是這點燈火對照著前面曾傳著過的話「今晚一定能到達一個鎮市」，一道希望之光在眼前燃起，像是黑地獄突然開起了一扇窄門，死神緊抓著人們的手也鬆緩了少許，緊繃著的神經線也軟化了點。隨著我們在山路上的一高一低，那幾點微弱的光在眼前忽隱忽現，行進總算有了個引領的目標，慢慢的更接近了這微光，也漸漸的有了真正的道路，可以識別這是一條街道，黑暗中仍可看到這連接的房屋，更證明這不是個村落，而是一個小鎮。先頭到達的隊伍已沿街排列坐下，指揮著的人影來來去去不住的走動，接連又到達的人也忙著卸下身上的重物，這時不斷的敲門聲，跟著吱呀吱呀也有開門的聲音。在街道上走一段路，我們這些女同學被安排在一大間空屋子裡，屋裡有豆大一盞髒兮兮的油燈，這黃昏的弱光迎著破牆裡吹過來的風搖擺，更增加這間空房子的淒涼，這間屋子橫著很長，門是臨街，門面是一塊塊木頭堆起來的，可能原本也是間店鋪，正橫著一塊高門檻，前面的人邁腿進去，屋裡比外面低了一大截，一腳踩了個空，一頭跌了下去，後面緊跟著的幾個人堆跌上去，我也是其中一個，嚇出了一身冷汗。屋子裡是空無所有，進到裡面撲臉一股子潮濕的發霉味，幾處地上都斜著一根頂向屋頂的大木樁，顯然的，這房子沒有這木樁就會倒塌，我下意識摸了一下子，浮灰厚得可以觸及，我們大家正愁著無法坐站，幾個操著我們一點也聽不懂話語的人，抱著些稻草進來了，一個空手的人指揮著讓他們放下，於是稻草也散發著另一種霉味，這屋子被霉味全占有了，但是疲累使大家毫無選擇的往稻草上躺。躺下時始覺得全身似無一處不在疼痛，連牙床、舌頭都在火痛，喉嚨更是焦乾得裂痛，想這都是連日咀嚼、吞嚥那些穀粒的原因吧！飢餓的胃都向食道似噴著熱火，燙的感覺比什麼滋味都難受，躺下來真是半死狀，誰也不能動彈了。

惡夢中我被鄰近的一位同學拉醒，猛聞到焦飯的香味，半醒中我仍覺是在夢裡，在聽到碗響才知這不是夢，各個人都忙作一陣狼吞虎嚥，感謝上蒼今夜這小鎮的人會發出如此的慈悲。一大盆帶著點淺色也冒著怪味的水，這也是同飯送上來的飲料，餓極，也渴得焦乾了的大眾，每人也都作一陣牛飲，不管它是什麼滋味了。這是一個很不尋常的夜，天色仍很蒼茫，街上的軍隊已叮叮咚咚的又在整理行裝了，幾位老師忙著走告，要大家快整隊以便跟上隊伍出發。列隊時遠處街那邊的屋簷下擺著一口棺材，怕大家傷感，老師們並沒向同學們宣布，但傳聞大家還是知道杜達先在昨晚到達不久即去世了，陳老師、王老師，連同陳團長費了些口舌，才在這街上要到了一口棺材，兩位老師一夜不能成眠。唉，這是誰作的孽，讓這裡又留下一個無處申訴的冤魂！

山路仍是崎嶇蜿蜒，像永遠也不會有個盡頭，不管是多困苦，多艱難，唯一的就是緊跟著你前面的人走，一點也沒有別的選擇。難得的前面山區裡出現了一大塊平原，平原間還流著一條河，這塊平原的出現，多該珍貴得像沙漠中找到了綠洲，呈現的也該是點點溫馨和祥和，遠遠望過去多誘人，疲累的我們充滿了一心的希望。

但觸目的是些人為的殘破，歪扭在地上的吉普車、小轎車，都像高空中摔到地上的人，各部位都扭曲破裂了，四輪都洩了氣的朝天翻覆著，車窗玻璃碎在車內外無一塊完好的，車身敲得凹凹凸凸的，也有被火燒得黑焦焦仍冒著怪味，一個個都像慘不忍睹的爛屍。地上一處處火焚物件的餘燼，燒完了的被風捲起，灰片四處飄零，未燒完的仍冒著煙送著臭味，丟棄的廢物散亂的到處可見，混著些破爛的衣服，使得這一片地像亂葬的墳場，也像是砲火後的戰場。風吹著那些綠樹，它們也像是為這淒涼的情景而顫抖，河水的潺潺聲像也在飲泣，景物更像是告訴我們，這裡是危險區絕不可久待。

這條河上有個用竹子、木棍、繩索架起的獨橋，軍中的弟兄率先奔往沙灘，踏上小竹橋渡河，大家接連著魚貫而過，竹橋吱吱的發著響聲，在人們的踩踏下，橋面向水上彎去不住的像拍打著水，一聲聲也像是給人催促，快！快！快！趕緊得也令人有些膽寒！

遠遠的似是些房屋在眼中出現，但是走近了並不見人煙，歪斜傾倒的樹木都已枯乾，葉子也全沒有了，上面卻掛著些不屬於自己的乾草和雜物，地面上一處處呈現出些泥沙淤積成的光滑圖案，別致得巧奪天工，這些景色都可以告訴你，這裡一定是有次大水災。果不出所料，早早出現在眼中的這些房屋，走近了，它們大都是傾斜著，有的倒塌成了一堆，通往每個屋子的路都是些隆起的泥沙，沒有倒下去的房屋門窗也扭曲得不成形。原本是看到房屋，這飢餓的肚子就更興起食慾，但走近了這裡是這片淒涼像，無生氣得比我們這群人還更可憐似的。連續不斷的跋山涉水，見一塊稍平坦處就滿心不捨的想親近，這裡儘管是如此，大家還是卸下身上的重物坐下來了。

不知是誰在哪一間破房子內發現了一罈酒糟，因此人群中曾起了一陣騷動，不少人搶食到了，但多食的人卻造成醉倒，其中醉得最重的是王體英同學，偏偏他又是我的族叔，隊伍要走了，他癱在地上成了一堆泥似的，同伴們不管怎麼推拉，他都無知的不醒，抓起他來，整個人軟得像一掛麵條，放下來癱軟在地上也像全沒有了骨頭，眼圓瞪著，充滿血絲的眼球像是要蹦出來，嘴角淌著一條黏水。同學們都使全力想助他，但是誰也拉他不動，當每個人都因無奈放下他而得快快跟隊伍趕路時，臉上的表情比嚎啕大哭還要傷痛，一步一回首，一個個被這得前進又想後退撕扯著，身心都像在滴血。我更是無奈，和列隊趕路的人一樣得快速的跟上隊，我也不住的用力回頭，可是又有誰能知道，如一堆泥的家叔在我的記憶裡還有些不幸！

聽媽說過英叔我倆是同年生，生日都是在冰雪的冬天，那時地方上鬧土匪，黑夜常會不斷的有槍聲，富戶的村莊常被土匪襲劫，搶拿東西，厲害的還綁架人質，因此人們不斷的得往有自衛的大寨去逃難避亂。媽曾經給我講過一段驚心也傷感的故事，至今我想起都會有寒顫。那是個漆黑的夜，前一天剛下過一場大雪，風仍拚命的狂吼著，村中值更的人響起了密鑼，高喊著北邊的大股土匪要來了，村中的人忙亂成了一團，趕快把貴重的東西往牛車上裝，也催著婦女老弱者快點上車，大家要向安全處避難。那時媽正在剛生了我的月子中，聽到密鑼聲就先用小棉被把我包起，自己再穿上厚厚的棉衣棉褲，再抱起包著棉被的我，兩人已圓重得成個快要動不得的大球，就這樣被祖母姑母推擁著，坐上了那已裝得高高的牛車，儘管媽多吃力的摟緊我，出了村莊，不平的路使車子一擺動，我可連人帶棉被一起擺出了媽的摟抱，直摔到雪地上去了，媽大叫停車，折騰了好一陣才把我從雪地中撿起，媽說在那樣的奇冷下，她身上竟急出了汗，她那時的心跳快得呼吸就要停止了。當我正感到還能聽媽講這故事是幸運時，媽沉痛的說：「妳英叔的媽就在這夜風吹凍餒之下得病與世長辭了。」媽每講這件事都會為英叔的沒有滿月就失去了母親而感傷。這是媽給我說的有關英叔的一件事，我記憶中也印著英叔另外的一件遭遇，它在我的腦中仍是很鮮明。

那是日本鬼子第一次到達故鄉的村莊上，突入其來的大隊騎兵，刀光槍影，馬嘶人叫，進了村子，他們近似瘋狂全力擄掠搶奪，弄得整個村子雞犬不寧，人們更是閃避不及，村子裡的男人們都被抓去充當挑伕，連一些稚齡孩童也被拉去了很多。我記憶最清楚的，是英叔的繼母那一張全是淚水的臉，她跪哭著撲在地上求菩薩保佑，快讓被抓去的英叔放回來，原來英叔也被日本人抓去了，那時我們都才九歲。

我向前邁著步，緊跟著隊伍，吃力的回頭看癱在地上的英叔，他身體在我的眼中漸漸縮小，但是我記憶中的兩件事卻漸漸的在腦中擴大，所有那些恐懼悽慘的事都聚成了一幅幅的畫面，現在的我也仍是奔逃在荒無人跡的山間裡，我想大哭，想吼叫問天，是我們生來苦命而染壞了這世間，或是世上的人們啊，你們為什麼盡在製造這不停的反亂，我出生即逃難，生長時在逃難，此時更掙扎在死亡的邊緣上。我苦思著、怨恨著，心裡更在狂叫著，走，走，走，踏著這除我們似沒有人走過的路，等這些亂糟糟幾間房子再也看不見，我心想英叔可能要同那些房屋一樣歪下去了，就是他能醒來，一個人又往哪裡追趕呢！

天漸漸的暗下來了，沒有傳來停歇的消息，隊伍仍繼續的往前走，這個夜又是長得像是沒有了黎明。

天色漸見黎明，當每個人都走得疲憊不堪時，隊伍裡突然傳出一則喜訊，頻頻的傳說著王體英趕著上來了，王體英趕上來了，想想那醉得如一灘泥的他，竟然會被說他趕上來了，聽到這消息人人都為之驚喜，特別是那些曾用力的推拉想幫助他的人，想此時心中更是如釋重擔，我立時合掌暗自感謝上天對他的保佑。等真的看到他空著兩手，緊緊的跟在擔著擔子的海光裕後面，隊伍裡就慢慢的傳出了一段佳話。海光裕是在離開桂林時加入學校的一位南陽鄉鄰，由於他年紀稍長，人又豪爽慷慨，一路上只要小同學們有困難他總是大力的相助，替同學們揹包袱，找到食物總是先給小同學們吃，沒想到這次他竟冒著落後的危險，一直看守著英叔，他機智的用冷水猛沖他的頭，竟把他沖得能跟著他行走，又快速的趕上了隊。於是誰都讚海光裕的機智、勇敢、助人的大德，他救了一條命。

往前走的路又出現少見的崎嶇，不平得就像駱駝的背，高高的隆起，又陡陡的滑下，這全是層層的山勢所形成，這一帶大概是山區中的山區吧！山路迴轉得常把長長的隊伍截斷成了很多截，看不到最前面的人，後面的人也被山巒遮得丟失了，不由得使人心底升起更多孤寂和恐懼感，好則隊伍一直是個一字形，人人都緊跟著自己前面的一個人。山在左右錯綜連綿，走著的這些路就像是個迷津圖，稍不留意就有走失的危險，境遇使每個人都不敢懈怠，疲憊死了也得振作，上天就是賜給人這求生的本能吧？此時儘管是人人都不住冒著汗、喘著氣，腳步卻比平日還要快速，似慢一步都不敢。山勢是天險，想不到這裡竟還有人為的災難，在山勢要塞處，在這人們必經此道不得前進的地方架起了火，已燃燒成灰燼的尚易躍過，濃煙捲著火舌的卻真要點勇氣和功夫。火正燃燒的地方，這些歪心縱火的人似尚未離遠，更惡作劇的在一旁放冷槍，火勢、冷槍，不通過此處就落了隊，數重的恐懼迫使著，每個人都拚了命的在這唯一的去路火頭上蹤躍，幸運的一步踐了過去，不幸的也有燒傷了腳也燒著了衣褲，如此的禍不單行，你真想狂吼，大叫問天，怎麼會加給我們這群人這麼多苦難！

又走一程，這一帶不知又是住著什麼樣的居民，他們卻是如此的惡性，剛剛離開了像把人都圍起來的群山，這裡視線中有了點空隙，幾日來少見的點點家屋在遠山角下出現，心底有似從地獄返回人間的感覺，想接近的心更是似箭，哪知一走近了，這些房屋的牆上卻書寫著斗大的白字「活捉生面人」，入眼即嚇出了一身冷汗。誰的心不在快速忖度，我們來自河南南陽，這裡是廣西深山邊境，我們必都是生面人，也更是捉拿的必然對象了。大家嚇得誰也不敢互道一語，誰都知道自己是生面人，此時只有加快腳步的分，人人更不敢少懈，奔逃！奔逃！

帶著我們行走的這團軍中弟兄們，連日的走山路忍飢耐餓也都疲憊不堪了，前接不上友軍引領，後面更沒援軍支援，他們日日也只在求自保，沿途不斷遭遇的挑釁，他們也不敢輕舉的反擊，眾寡不敵，折損了全團的完整更是下策，帶著我們這群學生，也是他們更擔心大家安危的最大原因吧！對這一帶的兇惡事全忍了，團長一再傳令讓大家快走，跟上隊伍不要懈怠。

這些斗大的白字，對每個人都像是刺刀對準著心窩，槍口指著腦袋，人人都為自己是個生面人快快逃命。此時真是風聲鶴唳，草木皆兵，驚恐使全身的骨頭都痠軟了，為了逃命又要兩條腿硬起來快走，真要功夫，這段路走得真苦。

一陣惡臭，濃得讓人作嘔時，見路邊是具腐屍，腐腫變樣得像個巨大的爛冬瓜，一堆堆的白蟲滿處蠕動，人一走近飛起一群綠蒼蠅，更濃的惡臭、噁心，使那活捉生面人幾個字在眼前更清晰擴大，一陣刺心的驚冷，就覺得全身的汗毛和頭上的頭髮全都直起來了，像是那尖刀已穿透了我的心房，那槍口的子彈已射入了我的腦部，眼一昏花，眼前一黑，我狠狠的跌了一跤，跌痛了，我才猛力的爬起來快跑去跟上前面的人，這時大家的腳步都在半跑半走了。

驚魂未定，那噁心的味仍在胸中翻騰，路邊又出現一個悽慘鏡頭，這是個赤裸的少婦，身上一絲未掛，頭和前身撲向地面，臀部翹得高高的，一身刀痕，血和膚色看死的時間沒太久，那個跪像死前一定是向可惡的匪徒苦苦的哀求，但還是沒被他們饒過，想她一定也是生面人！

這些不知名而悽慘的冤魂，對我們這群人全是驚嚎。我們拚了命的跑，除喝點溪水，兩天都不曾吃東西了，保命每人的體力成了神奇。

滿腔責任心的王老師，一直都守在全體同學的最後面，照顧著同學們跟著走不要落隊，也正因為他在最後面，匪徒們看後面已沒有了隊伍，他們快速而來，把王老師給攔截著了。全身的衣服脫得只剩下內衣和短褲，也許是王老師的背包中尚有兩本書，匪徒們還有一種尊重文化的良知，知道他是老師，只搶了他的東西，放過了他的性命。王老師追上隊伍，人都驚呆了，汗衫短褲赤著一雙腳，赤裸得人也不住的打哆嗦，臉色慘白得連嘴唇也沒有了一點血色了，眼睛深陷得像也可放進去半個雞蛋。同學們流著淚都快從背包中拉出衣服來給王老師穿，他們一對兒女更是擁著他嗚咽得泣不成聲了，虎口餘生，人人都有重生再世的感覺。

連日不斷的奔走跌撞，加上日日的飢餓，我的兩個膝蓋不時的發著劇痛，每邁步往前踏下，關節處就像石臼對著搗，徹心的疼痛，難忍的痛，我開始哭泣，揹著的東西早已一樣樣的丟光了，空著兩手走也不能再支持，一段段的遠離隊伍。師範部兩位陳姓女同學也因落隊和我為伍，姊姊壽仙矮小身材還長了一雙向內彎的腿，這兩腿向內的弧度大得使她走起路來都不靈光，她已翻越走了這麼多天的山路，人也是殘廢得不能再支持了，蓬亂的頭髮像個廢棄的鳥窩，本就滿是雀斑的臉更顯得汙垢，近視的兩眼哭得更是瞇成了一條縫。妹妹壽松比她較高大，特有兩隻有力的大腳，身上揹著個小背包，左手上還掛著一點東西，可能是屬於姊姊的，右手很用力的支撐著一步一歪斜的姊姊，看她難為得也在流著淚，我們三人是越來越落後。我心想這回是死定了，想著在這荒山中死去，做鬼都沒個伴，恐懼加上兩腿的不能舉步的疼痛，我更忍不住的哭出了聲，壽仙姊妹也嚎啕起來了，同學們個個自顧不暇，此時是誰也無力幫助誰。大家把我們的情況往前傳，萬想不到衛生連的史連長指揮著四位士兵，揹著兩副擔架對著我們走來了，內心無限的感激，使我似哭得更痛，史連長安慰著我們，四位弟兄熟練快速的伸開了兩條木桿撐著的帆布擔架，讓壽仙我倆分別躺上去，他們抬起即快步的往前走了。

躺在擔架上那陣陣的得救感，使我立時解除所有的恐懼，不需再邁步，膝蓋上那有如石臼互搗徹心的疼痛沒有了，那仍有的餘痛也因身體的得救減少了很多，只是這樣借著別人的雙腿行走爬山，心中卻又升起陣陣的愧疚和不安，這份不安愧疚的心似比那疼痛也差得不多。

抬著我的擔架是走在前面，我只用平視就可以看見抬著陳壽仙的兩個軍中弟兄，粗糙荒亂加上不平的路面，擔架和他們的身體都不住的左右傾斜，他們兩手又得不停的護著雙肩，動作中可以看到他們是多吃力，汗水順著他們的頭直往臉上淌，手又得忙著揮舞著擦汗，看著他們腳手都在趕忙，抬著我的兩位弟兄還不是同樣，我不住的用那最能表達我的愧疚和感激的話，謝他們的救命之大恩大德。他們回響的卻全是更感人的謙虛，他們說軍人以服從為天職，連長交代下來的事，我們必須做好，這是我們的責任。這些話已令我感動，他們再用年長而充滿了憐憫的語句說：「你們小小年紀離鄉背井，捲在這無情的戰亂裡，受這些苦難，怎不令人心酸，幫助你們也是應該的。」說著他們更加快了腳步，他們只不過是一個士兵，就擁有這麼一心的道德和仁慈。一日又一日，他們就這樣的抬著我們走，跋山涉水雨天裡更踩著泥濘，多少次當蘆葦蔓草叢生得分不開去路，他們還是設法通行，抬著我們跟隊伍，困難是他們自身都不能保，他們多可以把我翻下丟棄，但他們似沒有這麼想過，更沒有這樣做。

史連長是標準的故鄉人，身材魁梧，強壯得你看到他就知道他能擔當大任。滿頭烏黑的頭髮，閃出正是英年的光采，方正的臉使他有威嚴也有豪氣，清秀的眉目唇齒，表露了善待部屬的慈輝，一口純正的鄉音，聽了你就會尊他為長者。這兩位抬著我的弟兄凡能聊一會，就會說某某戰役中衛生連救助傷患的功勞，他身先士卒，對全連官兵愛護如家人。他們更閒話了團長的功業和德澤，一支精良完整的團是有其成功的因素，我有幸受了他們恩惠，此時我學到了最珍貴的一課。

幾日乘坐擔架休息，我的腿不那麼痛了，我要求那兩位弟兄讓我下來，跟隊伍和同學們一起走路，萬謝了他們，又如往日的走了一整天，接近黃昏，山間有點豁然開朗樣，遠遠的露出了一個比較大的山村。走近看了，這些房屋比以前多也高大些，有些牆壁上也寫過白字，但模糊得不知是什麼了，又是過分的飢餓使大家顧不得危險了，魚貫的就進到這個村莊裡了，但怪異的是這裡沒有人影，也沒有雞犬，靜得有些肅殺。同學們有些指指點點說那邊有處房屋裡都停放著棺材，一堆焚燒過的紙灰，一盞昏暗在搖擺著的油燈，景象淒涼恐怖得令人髮指。我們幾個女生更聽得毛骨悚然，見一間堆著亂柴有一口大鍋，像是個廚房，我們一湧就進去了，坐下不管他是福還是禍，再也不敢動了，聽由今夜的命運。

一陣重重的腳步聲，夾雜著些低語，手抓著雞拿著蛋，抱著些不知名的食物，他們像是從寶山回來了，食物尚沒進肚子裡，他們已被喜悅振奮得精神百倍了，疲憊似全被挪開，他們大談那棺材的疑陣了。原來那是個謎，不知是他們誰的大膽和智慧，揭開了棺材蓋，裡面不是屍體，而是食物和雞蛋。有了蛋他們更去找雞，在院子裡發現了地窖，裡面關著些雞，多日的飢餓，這些迷陣全成了大家無名的怒火，何況那些斗大活捉生面人的字樣更在腦中澎湃，想到那悽慘亡命的腐屍，我們吃吃蛋、殺殺雞充充飢，該是理所當然吧！堂堂的理由給大家助威，於是殺雞拔毛，架起火在大鍋中熬煮了起來，四處也漸傳來香味，今夜大家似乎都覓到了食物，這香味使我為我們這飢餓人慶幸。這是我們行遍廣西山路第一次有飽食，也補充了後來兩日的乾糧，支持我們又走了些艱難的山路。

公姆山的一戰

山間的早晨沒有曙色，那縹緲著的流雲，把空間更遮得灰濛濛的，隊伍仍得繼續的行進。連日來和土共的槍戰，我們為了讓軍隊掩護著走，男女同學都分別插在隊伍裡，兩位士兵中間插一個學生。這時大部分的同學揹著的東西都丟光了，但士兵弟兄們仍揹著他們那沉重的武器和彈藥，雖多次和土共有小型的遭遇戰，但陳振西團長帶領的這個二四六團，不曾損失一兵一卒。官兵對我們這群學生更是護衛備至，跟隨他們快一個月了，今晨大眾雖仍疲憊不堪，但每人面孔上稍露喜色，特別是那位身體胖胖的馮副官，指揮著伙夫傾全力給大家做了一個早餐。歡愉的原因是，今天再走一天就到達越南的邊界了，將不會再有槍戰，而且假道越南，我們就可去台灣了。這消息使全體官兵精神為之一振，隨著他們的振奮，我們每人那汙垢的臉上也裂開一絲希望的笑容，頓覺也多了些力量和勇氣。

要出發了，眼前橫陳著的仍是大山，據說這是廣西十萬大山最後的一座山了，下去這座山那邊就是越南，我們每人都排好在兩位士兵的夾縫中，緊緊跟著他們走，越接近這個山腳，越覺得這座山的高大，它的橫斷面和群山連接，左右看不到邊，往上看霧濛濛的，衝出雲霄和天都連起來了。一月多來全是爬山困難的經驗，面對著這座更高、更大的山，心底不無升起懼畏，但想想唯一的希望是在山的那一邊，何況後退又是無路呢！特別是夾在這揹著重武器的弟兄們之間，再者那炊食的伙夫還挑著擔子哩！被他們的激勵，我們更應當振作努力。

這座山原始得沒有任何小徑，蔓草、小樹、怪石，人人得做自己的開路英雄。登上了這座山腳，慢慢的我們看到除我們跟隨的這個二四六團外，四面上山的也有另外的隊伍，原來那是黃杰將軍帶領的第一兵團。有武裝部隊，有騾馬馱著物資的聯勤部隊，有被掩護著的軍眷，還有些難民。雖來自四方，但都是朝著一個方向前進。除部隊的弟兄們外，婦孺、難民都顯得些許狼狽，但父母揹負著愛兒和要保有自己隨身所有的人，他們都似拚了命的在掙扎。接近一個人看到的都是流著汗、喘著氣，只有努力而沒有言語，奔向希望只有這樣吧！

開始上山時，太陽是在腳下，翻過山丘尚未到山腰，太陽似仍在山下，這不是太陽沒升起，而是它已快西沉。我們翻這山快一整天了，尚未下到山底呢！飢渴、疲憊可以想像，但前進才有希望，停頓、後退都是死路，只有憑著這些向自己的身體索取力量了。人人這樣的被煎熬著，行行重行行翻越這座山，滿心的只要翻過這座山就安全了，哪知就在這個片刻，山頭四面響起了槍聲，埋伏的共軍向我們這些人圍攻而射擊，我方部隊不僅是正在行軍，而且還在掩護著聯勤、軍眷、學生、難民在撤退。他們雖立即備戰舉槍還擊，可是天時、地利已被共軍占盡，更何況他們養精蓄銳在此等待，我方軍隊已跋涉多日而且筋疲力竭了。我方還擊後，他們的槍彈更密集，小型的砲彈也混合射來，山腰間一下子成了戰場。砲彈落下一堆七八個人肢體粉碎，隨著翻起的塵土碎石飛揚，機槍排射過來，很多人血肉模糊的倒地死去。零星飛射而來的子彈，多少人流著血疼痛的慘叫；馱著重物的騾馬中彈了，不支的往山下滾；丟失了的孩童遍處哭喊。槍聲、砲聲、哭叫聲響成一片，慘狀實不忍目睹。我腿癱軟得像沒有了骨頭，意識也全模糊了，呆坐在亂草和荊棘中，順著山勢往下滑。緊跟在我後面的是個左臂中了彈的婦女，血如注的流著，她的右臂緊摟著那個驚駭得哭叫的幼兒。「等一等，等一等」是我所能聽到她叫出的幾個字。我正覺無法伸出援手，我的左前方又滾下來一位男同學，他雙手抱著血淋淋的大腿，想是中彈已出了很多的血，他的臉已白得沒有了血色，有點奄奄一息了。我尚沒來得及再多看他一眼，空中又飛飄過帶著響聲的子彈，我伏下身想爬行，但頭一重腳一輕，我不自主的翻起筋斗來了，等我摔到一塊低凹處停著時，那位婦人幼兒和男同學，都在我的視線內消失了。我雖躲過了槍彈，滾動間的碰撞，我身上也傷得奇痛。特別是一雙手為了想抓著點東西，被亂草樹枝刺得全是血跡，山上不管你滾向哪裡，都會見到屍體，也會聽到哭叫的聲音。散開的被子、毯子、衣物、炊食用具到處都是，生死在一髮之間是此時的寫照。

我軍彈盡在先，他們的槍聲也停止了，戴著五星帽的共軍，持槍四面衝了上來，他們臉上是兇狠的獰笑，見了我們帶著譏諷的說：「你們還跑嗎？往哪裡去呀！」粗莽的人更帶著臭罵的說：「找你們洋爸爸去呀！」他們的譏諷真讓人切齒，他們一點憐憫和人性都沒有了。不少人更是冷笑加點得意的說：「我們在此等你們一週了，知道你們今天會到，正等著你們全部下山，聚齊了統統招待，你們是南方人我們準備的有米飯，北方人我們蒸的有饅頭。」其實這些言語是在加重對我們的諷刺，也是反面的甜言，不僅虐待還讓你自己感覺愚蠢，無情的戰爭，於勝利者的狂驕，和敗北者的悽慘，我入眼的全是殘忍。死的不能動了，活的他們不准你動，我們失去了最後一寸土，山河變色，我們全部都成了俘虜。

他們吼叫著讓那尚有餘力的人扛槍枝，揹物資，聚成隊像趕牛馬一樣的往山下趕，任何人稍有些遲緩，不是用槍托重重的搗一下，就是他們用盡全力的踢你一腳。走得動，走不動，都得走，你自己毫無選擇的餘地。天越來越暗，入夜了又下起細雨，跌跌撞撞不知摸索了多久，才進入山窩裡一個小村子，只看見幾點如螢火的光，其他地方全黑得伸手看不見五指，只有共軍們的叫罵聲，像鞭子一樣的劃破這夜空，低聲呻吟、嘆息、飲泣不絕於耳。我擠坐在這陌生的人群裡，左右一個同伴都沒有，頭上細雨如錐，地上越來越濕，腳腿都像被泡起來了。哪裡有他們說的米飯饅頭，連遮雨的屋子都沒有，飢寒交迫，全身顫抖得骨頭都要片片碎裂，牙不能自主的碰撞，舌頭像都咬出血了，胃空磨得隱隱作痛。這個夜有多銳利的筆也不能把它全部寫盡，唯一幸運的是我沒凍餒而死。

天漸漸的亮了，放開了視線，真沒想到這裡密密麻麻竟坐著這麼多人，全是濕淋淋的落湯雞，腳腿被水浸得白脹脹的成了半截浮屍似的，悽慘樣真讓人心寒。人群中零星還站著些馬匹，身上有馱著東西的，也有空著背的，牠們也是被雨淋，無奈得四隻蹄子亂跺，一堆堆沒有了主人的長槍，在雨地裡像堆亂柴，棉被、毯子、衣物被雨打、泥浸也都失去了原來的面目，散亂得到處都是。共軍們在這人群和滿地亂物中穿梭，還是不住的吼叫，突有一個怒目的共軍指向我說：「妳是學生嗎？」我忙起身點頭說：「是。」他又像連珠炮似的說：「出來出來。」隨著他的聲音，我對著他向前走了兩步，他好像只會用動詞，走走走，又是連珠炮。從他帶領的方向，遠遠我看到了那孤兒院的兩個女生程燕霞、張鳳雲，再走近又看到了李彩霞、周兆炎、張景珍。她們不知哪來的幸運，昨晚竟擠進了一間茅屋裡，彩霞、兆炎都是我們女中離家時的同伴。她們看到我濕淋淋、垂死的慘相，我們幾人相擁而泣，大有恍若隔世的感覺。那共軍不知何時離我們而他去了。

彩霞忙抱起地上那被柴煙全薰黑了的瓦罐子，原來那罐裡是一個共軍給他的糙米飯，我們幾個人全都用手抓食起來了，沒人考慮熱冷，那一把一把的糙米飯，只能用仙丹來形容了，在那一刻的美味，沒有任何人間煙火可比了。

彩霞只有十二歲，她是和家聯絡不上只好跟著走的，是我們群中最小的了，既瘦又矮，但她個性剛毅，一路上她都沒落過隊，沒想到她竟也翻過了山，衝出戰火而有活命，而且弄來了食物，救了幾個人的命。使我驚奇得成了讚佩，她身上那個小包包還在揹著，看著幼小的她，我兩眼滿是淚水，我晃晃她說「你真行」，就再也說不出什麼了。

天地都悲的早晨

雨停了，但天空的雲仍很濃重，灰暗得像要壓下來似的，地面上經無數人的踐踏，到處是爛泥濁水，天和地都像是兩張愁苦得展不開眉頭的臉。被俘的人們經一夜的折騰，筋疲力竭得誰都打不起了精神，只有那戴著五星帽的共軍，勝利給他們全身是勁，他們仍是持著槍在人群中怒吼疾走，囂張得一點憐憫和同情心都沒有了。軍人、老弱、婦孺和我們這些學生，人人都像洩了氣的皮球，任他們擺弄。只有一群群的人一會兒被指揮著坐下去，一會兒又要他們站起來，全是隨著持槍兵丁的吼叫聲無奈的動作。等這吼叫聲接近我們這一片坐著的人時，原來讓人坐下是他們來了採訪的人，要給大家照相。站起來是他們要一個個的端詳，看哪些年輕仍有體力，被他們看中的，就被他們一手猛力的抓出來，隨又由他們指揮著去撿起地上散著的長槍，每人三支或兩支的揹起來，此時你健康還有體力反成了罪孽，揹上槍等於是交上了厄運，因為必須跟著他們走。可憐我們的男同學被他們選上的不少，我一眼在那揹槍的隊伍中，看到了雀屏的哥哥，雀屏是王老師的女兒，他們是兄妹兩人跟著父親走出來的。廣西的山途中，王老師落過一次隊，土共不僅把他揹著的東西搶去，而且把他全身衣服脫得只剩下內衣內褲，所幸沒傷害他人，放了行。那晚我記得雀屏念著父親一夜，邊走邊在哭泣。天亮時王老師趕上了隊，他那只剩了短衫褲的悽慘相，人人為之鼻酸，他們父子女三人恍若隔世的相擁，一直仍在我腦子裡。

此時看著那幾支槍把雀屏哥哥壓成幾個彎的瘦弱身軀，我又像看到了王老師趕上隊時那一張發了青的臉，和那對深陷得像兩個凹的眼睛，他那低沉著聲音告訴雀屏的話：「跟上隊趕路重要，不要為了牽掛彼此，大家都落隊犧牲。一家人保一個是一個，特別是你們還年輕。」又在我身邊響起。今天王老師沒見趕上來，雀屏此時也不知在哪裡，他們這一家人將四散得無影了。我越看雀屏那個像未長成竹子嫩筍樣的哥哥，我越覺得可憐，可是一點也沒法子救他。

脱逃的驚險

有用的物資、槍枝全被他們選出的人替他們揹上了，他們要想做的全做到了。一聲惡令，要大家出發往回走，他們做急行軍狀，人人像飛奔，也吆喝著這些揹物的人，快速的跟著他們走，我想著那重重翻過的山路，看著他們要求快步的速度，心裡想如跟著他們往回走，怕只有死路一條。我們這些沒被抓出的人，本也就半殘廢了，全身都是傷痕斑斑，走起來也是一跛三歪的。他們是全部勝利後的急行軍，他們要的是那些有用的物資、槍枝和那些能替他們揹的人，漸漸的對我們這些殘廢的人失去了注意力。我看一些軍人和年長者，可能是胸有成竹；只有他們走走停停，如共軍注意了，他們就唉聲嘆氣的叫著傷處痛。共軍狠狠的咒罵一聲：「殘廢該死的！」也就不再理睬了，我們幾個人就跟著他們學樣，走走停停，我下意識的覺察到，他們一定故意在做些什麼。

尖頭部隊漸遠了，揹著重物槍枝的人也遠了，緊跟著過來的是那挑著叮叮噹噹炊具的伙夫。我們群中一個男人低聲告訴大家說：「伙夫隊過去就沒什麼危險了，希望大家振作精神，準備著往南跑，離這裡不遠就是越南邊境了。」聽了他的話我們幾個人相顧，心中暗自慶幸，不錯他們是有計畫的脫逃，於是我們就全神貫注的跟蹤著他們，寸步都不敢離開。大夥兒穿過一片竹林，連滑下幾處低坡，向著一條比較平坦的路，人人都飛奔了，誰都忘掉了身上的傷痛，精神的力量真是大於一切啊！越向南跑，越見更多位飛奔著的人。原來很多人從很多方向在設法脫逃，此時我看到了小學時代的同學劉岐玉，我似不顧一切的上前問他：「我們可以跟你一同跑嗎？」其實他雙腳的腳趾都破得在出血，跑起來也是一跛一跛的，只是此時他是個熟面孔的男生，我們覺得有點依仗。我們幾個人吃力的跑著，前面又出現了師範部的女同學陳壽仙，她邊跑邊哭成了淚人兒，見到我們又抽抽噎噎的說：「我妹妹昨天已跑散了，今晨找遍被俘的人群，也沒見到她，八成是死到山上了。」她喘息著聲音哭得更大了，她再接著說：「我能往這邊跑，是工友邵福祥攙著病了的白老師，師範部幾個女生都跟著，共軍罵我們想逃脫，趕著那幾個女同學走了。我緊跟著白老師，才沒往回走，但沒走多遠，白老師再也抬不起腳步了，他要邵福祥我倆快跟著向南的人群跑，我們怎麼也不肯，可是白老師憤怒的說：『你們不走，我立即在地上撞死。』我們只好跑了！」說到這裡，她哭得幾乎喘不過了氣，邊上的人催我們快跑，跑了才能活命噢！

為了走捷徑，我們看到前面的人往橫著的小河裡跳去，一批接一批的人也跟著下水，走近了，我們幾個人也先後跳下去，還算好這小河的水深僅及上膝，我們都平安的過來了，但沒跑多遠，小河一條又一條，第三條水深到我們上腰了，可是沒人敢遲疑的都往河裡走，水底的沙石凹凸不平，水面被風吹得又動盪著些浪頭，步步都有點身不能由己的感覺，一次次的因走不穩被催向下游一大段，更多少次都差點順流而去。小彩霞幾次的驚叫令人心都發痛，但是在這個每人都自身難保的情形下，誰也幫助不了誰，內心是最痛苦了。不管多艱難、多危險，彩霞就是不肯丟掉她那揹著的小背包，我回下頭看著幼小的她，在水中載浮載沉的掙扎，我真想仰天大叫，上蒼啊！我們究竟是遭的什麼孽呀！

濕淋淋的又跑了一陣，看到了這個書寫著蟹行文字的界牌，人人都癱軟得動不得了。有人在說，我們跑的這一段是三十五華里，我真有點不能相信自己，竟能做這麼大的衝刺，求生是人們最大的本能，我深深體會到了。

我們大家都聚齊坐下時，看不到了程燕霞，張鳳雲她們同是孤兒院的學生，她倆是從冀縣出來的學生中最後兩名了，鳳雲看她不在了，傷心得哭了，她哭出了聲，就驚動了那邊一位癱累倒地的婦女，她睜眼看看鳳雲，吃力的挪到我們的群中，抹著鳳雲說：「姑娘，我看妳這衣服的顏色，那個被水沖走的一定是妳的同伴。」聽著她說被水沖的話，我們大家都吃一驚，那婦人又接著說：「那女娃穿著件棕色大衣，兩手抱著件棕色大衣。」聽她這一形容，鳳雲、彩霞都知道了九成是程燕霞，她倆急得異口同聲的問：「她還穿著抱著那大衣嗎？」那婦人很慨嘆的說：「過到河中間時，大家都看到她抱著那件大衣，搖晃的站不著，穿的那件已把她墜得前後倒，誰都叫著讓她快丟掉，她就是不肯，大家話還沒停著，看著她倒在水中隨水而去，幾個人試著抓，都沒抓到她。」那婦人無力的摸著鳳雲，無奈得眼中全是淚，我們也都紅了眼睛垂下了頭，那婦人又挪邊上去了，她邊動邊狠狠說：「我們都遭孽喲！」

那婦人過去了，彩霞、鳳雲都低聲的說：「燕霞很孤僻，她不多說話，很少有表情，昨晚我們都坐在地上，凍得抖成一團，她把大衣鋪一件蓋一件自己睡，我們拉一拉靠一靠她，都被她拒絕了。」沒想到昨晚暖了她，今天卻害了她，一路上同伴們被形形色色苦難摧殘、凋零，程燕霞又這樣去了。

黃髮碧眼人

邊界上聚集的人越來越多，仍都是那些敗了的兵、軍眷和難民，學生這裡好像只有我們這幾個人，靜定下來，全身到處都覺得在疼痛，一身破衣服又濕漉漉的貼在身上，偶有一陣風過，冷涼得全身都起雞皮。前瞻茫茫、後顧茫茫裡又帶著恐懼，四周人的臉更是茫茫的無助，這感覺把個人像空懸得全沒有了靠山，真所謂上天無路、入地無門啊！

散亂著的人們，有的怯生生的想試著再往前移動，有的人在觀星，有的人索性癱在那裡，像在等待什麼似的，一會兒遠遠的地方捲起了黃色的塵土，像煙雲一樣的在地面上飛揚，在那如霧的黃煙裡，隱隱現現著蠕動的物體，漸近了，可以看出是裝載著軍人的卡車。看清楚了，心裡倒是又吃一驚，莫非共軍又坐著車來了，再定神，這個蟹行文字的牌子好像告訴我，那邊不是中國了啊！這些軍人頭上戴的是鋼盔，軍衣上有棕色的花紋，他們的手中握著槍。這載著軍人的卡車一輛輛捲著黃煙馳過，最後兩輛在我們正前方的這段路上停了下來，而且那車上的軍人朝著我們的方向走來，越走近，他們的身子在我們的眼中像是放大了。這些人都是高大粗壯得成了我們視覺中的巨人，碧眼黃髮，鼻子高得在臉上像隆起的高峰。他們咿咿呀呀又比又指的，發出些我們全不懂的聲音，大家全都呆了，不是他們那面容上還帶點和藹的善意，我們這些人真要嚇得昏厥了。外國人我只是在圖片和書本中看過，這樣的真人是第一次看到，他們中那較棕色人的臉上還留著些黑鬍子，手上也全是長長的黑毛，真像祖母故事中的妖魔鬼怪一樣，我心中升起些童年時的恐懼，眼睛一點都不敢正視他們，還有心的躲閃著他們，這些我看像怪物一樣的人，一個個走近，分別到我們坐著的群中來了。看到婦女幼童，他們就彎腰拉起，比劃著要大家往一塊兒集中，他們輕聲的唧咕，但誰也聽不懂他們是什麼意思，只有照著他們的手勢做。有幾個跟著丈夫的太太，兩手緊緊的挽著丈夫不肯分離，但是他們還是勉強的把他們分開，這些太太們嚇得眼淚都流出來了，有的人更哭叫，丈夫更是愕然。我們幾個女生也被拉進這些婦孺隊中，這些持槍的洋兵指揮著要我們往前邊馬路上走，我們心想這不知又將交什麼厄運了。走近他們的卡車，大家像被老鷹抓小雞似的被他們抱起放到車上，最後意外的上來兩位男士，原來他們一個是手中抱著孩子，一個是背上揹著個孩子。那個被抱著的孩子，眼睛紅腫得上下眼皮合成一條線，沙啞著聲音還在哭，那被揹著的孩子像是睡著了，但夢囈似的還在叫媽媽，原來這兩個人都不是孩子的父親，他們是山上一戰後撿到了這兩個失散了父母的孩子，這兩個大男人無限愛憐的撫慰著這兩個孩子，看得真讓人心酸。

轟的一聲，車子發動了，車尾捲起了土煙，對那本相依著的夫妻又是一次無助的別離，誰都不知道這又是到哪裡去，人人都是一臉恐懼的茫然，像是赴刑場。

車子慢慢的進入了一個鎮市，行駛到一個有幾排整齊房屋邊停下來了，下了車走進院子裡，我們發現這是一個華僑小學。觸目的幾個中文字，我像是看到了親人似的，眼中一下子湧出了淚水，真形容不出那一時幾個字會得到那麼大的親切感。法國兵指揮著大家分別進入了那些教室，那些手腳快的軍眷們，一進門就各拉桌子對成了床鋪，我們幾個人縮在屋角裡，孤單得真想嚎啕大哭，直到黃昏時院子裡又有車聲，幾個沒有武裝的兵，又指揮著讓大家到院子裡去，踏出教室門，撲臉一股飯香，那香味香得會讓人醉倒，你不自主的要深呼吸。不曾有這種飯香算不出是多久了，排著隊，飢餓的肚子更被這飯香誘使得舌頭像要嚥下去一半。一碗米飯上又加一塊罐頭魚塊，這碗飯又不知該用什麼字去形容了。

飯後每兩人給了一條毯子，這是一月多來第一次有了飯吃，有了住處。分發毯子時，後面來了一位瘦瘦小小穿著入時的中國人，他的出現人人都一驚喜，他用著他那帶有濃重廣東話腔調的國語，告訴大家說：「這是法國人愛護婦孺，才用車子把你們載到這裡來，這些天斷斷續續有中國人自邊界進入越南來，法國人在蒙陽設立了集中營，只要進來的人都會在那裡集中，但是那裡沒有房屋，是二次大戰後一塊荒涼的空地，集中在那裡的人現在生活很苦，希望你們安心在這裡，你們如有親人和同伴，將來會讓你們見面的。這裡每天早上十時、下午四時會給你們送兩餐飯。你們安心休息，大家保重。」說完了這些話，那唯一的同胞走了。聽了他的話大家的心是安下了一點，特別是那有親眷的，知道她們的丈夫也過來了，我們幾個人也在心中祈禱著希望我們的老師同學們也過來些。

第二天，來了一輛漆著個大紅十字的車子，停妥後下來幾個穿著白色長衫的醫護人員，給大家傷處擦洗、抹藥、包紮，為全部人服務過，他們上車走了。這時候我領會到，昨晚那位華僑講的話是對的，這些來服務的人都是帶著憐憫，再後他們仍每天來醫療，兩餐飯也準時送到，雖天天都是樣板的米飯、一小塊罐頭魚肉，但是沒有飢餓凍餒之苦了，可是沒有外出的自由，只是屋裡院外這片小天地，稍遠就有法國兵持槍在守衛。唯一可走到的院子以外的地方，就是學校後面的那條小河，河水不深，河身也不太寬，但沒有自由涉過。早上大家在此盥洗，飯後來取水飲用，也許河水經過沙底的濾清，儘管怎麼喝，也沒見人們有病痛，這條河成了我們取之不盡、用之不竭唯一的寶物。

熱愛祖國的華僑

一大早，院子裡出現了七、八位穿著很講究的黑髮同胞，他們雙手提滿了東西、食物衣服等，被兩位法國兵緊緊的跟著，這幾位看起來都只不過是三十出頭的年輕人，但他們都能說流利的國語，還能寫一手的國字。他們說：「自從知道這裡住進來些祖國的婦孺同胞，我們即不斷的向法國人申請來這裡探望，但是法國人不准，直到今天才准了我們這幾個人，可是他們要限定我們來訪的時間不得太久。」在他的言談間，也道出了世世代代寄人籬下生活的不易，很多事自己作不了主的，得聽從別人的指示，為求生存得迎合對自己不太合理的法規。有一位年輕人很激動的述說著對日本人的痛恨。他說：「抗戰時，我們越南的華僑曾出全力的捐獻，記得父母輩把自己的金銀首飾都拿出來捐獻，孩子們把自己的撲滿都打碎捐出來，給祖國買飛機、買大砲打日本。勝利了，我們這裡也曾狂歡的慶祝，大家都希望著戰後的祖國慢慢的復原強盛起來，沒想到又有內戰。」說到這裡，他停下來淒然的看著我們大家，想大家這副慘相帶給他們的是更多的失望。有位僑胞轉過來對著我們發問，知道我們是學生，他似乎更為我們感傷，也表現了更多的同情，他說：「不管申請進來看你們是多難，我們一定再進來一次，給你們送些書本來。」他言詞的果敢、誠摯，使我們非常感動。

三天後他們真的來了，只兩個人，這次我們知道那個上次激昂講話的人叫劉子倫，他抱著厚厚的兩疊書，另一人提著一盒煮熟了的豬肉和蘿蔔菜，另一手拿了一包蠟燭和火柴，看他們有些不自然的樣子，原來他們不是經批准了才來的，他們慌忙放下東西，沒有停就很快的向著小河那邊急走了，他們走後我們內心實在不安，彩霞和我曾寫了一封表達我們內心感謝他們的信，但那封信一直都沒投遞。他們送來的書本，在那些寂寞無盡的日子裡，可真是最珍貴的精神食糧，特別是在那思鄉和感到孤單而不能成眠的夜裡，劃根火柴點燃了蠟燭，我們幾個人偎依著夜讀，這點燭燒去了多少我們的苦悶，異國裡那份珍貴的同胞愛真是刻骨銘心。

飽食安逸的生活解除不了心情的苦悶，我們這些離群的人，天天都想著和同伴們團聚，特別這些軍眷和難民們更焦慮著和家人團聚，每次只要那位能說中國話的管理人來，大家都會苦苦的要求，要求他和法國人交涉讓我們和同伴們團聚，他再三的勸慰說集中營裡是苦不堪言，在這裡是法國人對你們愛護，任他怎麼說大家仍抱著半信半疑的態度，一定要去和同伴共甘苦，無法中，法國人決定送我們去蒙陽。

午後大家又被裝上了卡車，到達這個停著些大船的港口已是黃昏了。這個不太大的港口熙熙攘攘全是人，顯得相當熱鬧，軍人還是占多數，奇特的是那些叫賣的安南人。

他們穿著一身黑色的衣服，上身短小沒有領子，褲子長長寬寬的拖著地，像穿長褲子，有一尺寬，每人頭上頂著個大簸籮，叫賣的貨物都在這簸籮裡。人人都是光著腳在人群中擠著叫賣，嘴裡不停的咀嚼著，走一會吐一灘烏紅色的湯汁，牙和嘴唇都被那烏紅染成了一色，嘴在臉上成了個黑窟窿，在這人群中他們也像是異於人類的鬼怪。

另一種人讓我們看起來也算是奇裝異服了，像中國男人的長衫那樣長，但五顏六色的奪目，有粉紅、鵝黃、嫩綠，衣袖細細長長的包在胳膊上，身子兩邊的大叉叉從下面直開到腰間，腰上穿著條貼身的長褲，腳上穿著雙跟很高的鞋子，衣料輕飄柔軟，海風吹著，她們就隨著舞動，你覺得她們有點飄飄欲仙的感覺。這樣穿著的女人濃妝豔抹，黑亮的頭髮向後梳著個髮髻，看上去十分秀麗，有的人頭上戴一頂如草帽形狀而是紗質的大帽子，帽子兩邊垂下的綴帶，在顎下打一個大的蝴蝶結，看上去更覺嫵媚動人。我們這一堆髒兮兮、穿著破爛的婦孺，坐在這樣一個忙碌的碼頭上，真有點像天外來的人，從任何角度來看我們，都不應該屬於這個地方，我們不住的在端詳看別人，其實這裡有的人，又何嘗不是用奇異的眼光看著我們呢！

超重的機器上上下下，有從船上向下卸貨物的，也有從岸上向船上運貨的，操作的工作人員都在忙，運送我們的船要裝貨物，因此我們需要在岸上等待。天上已稀疏的有了幾顆星，月亮在天邊也漸漸升起，像是要入夜了，這裡的人並不見稀少，那些穿著黑衣服頭上頂著大簸籮，推出食物叫賣的安南女人在人群中穿梭得更快。偶一陣海風飄來些油炸物的香味，好饞人，可是我們既沒行動的自由，身上更無分文，滿心的好奇，真想知道她們那簸籮裡的究竟，卻無他法。

海風徐徐的吹來了夜晚的涼意，我們這些人有點瑟縮的往一塊兒擁擠。偎依著母親的孩子們，涼得有點不耐煩的吵鬧了，要離開碼頭的大船上，高高黑大的煙囪冒著煙、鳴著汽笛，發出嗚嗚的響聲，心中有股難以形容的淒涼，靠著我的彩霞我倆的手緊緊的握了幾下，無言中，想她也有同樣的感覺。就在這時，幾個人拖著兩個大麻袋，麻袋著地拖著，發出些碰撞的響聲，他們其中有人在問前面的人，「豫衡聯中那幾位女生在哪裡？」聽到我們的校名，我們都驚慌的站起來了。月光下我們看到這幾個來人，就是到小學去看我們的那些僑胞，那位叫劉子倫的也在裡邊，彩霞忙叫劉先生，他們很高興的朝著我們來了。看守我們的法國兵又上前阻攔，經他們交涉，他們把麻袋拉到我們邊上來。他們說：「我們探聽知道妳們今晚會在此上船到蒙陽去，我們即速買了些罐頭驅車趕來，據傳說在蒙陽集中營的人苦極了，這些罐頭妳們帶去好吃。」說話中他們表示出對我們無限的憐惜，更有些不能多幫助的無奈，他們帶著些祈禱似的說：「希望法國人能遵照他們的諾言，送你們大家回台灣去。」他們這種對同胞的關愛，怎不教人說血濃於水啊！

那些叫賣的安南女人，看到我們群中來了些入時僑胞，她們頭上頂著東西蜂擁而來，法國兵不停的趕她們，她們半畏怯、半嘻笑的仍往前湊，這幾位華僑很慷慨的拿出錢，把幾個人頭上頂著的東西全買了，買後分給我們這一群等待上船的人。他們分過這些東西，很感嘆的說：「這些安南人很可憐，受法國人的歧視欺侮。據祖輩的傳說，法國人初來殖民時，安南人穿衣服不准有領子，也不可以穿鞋子，相傳下來，他們現在仍是如此，很多鄉下的安南人都打赤腳。」說到這裡，他們也頗為這些安南人黯然，他們又接著說：「她們在碼頭上穿梭叫賣，也是賺錢為生活。」

僑胞們一股腦兒買完了她們的東西，那些安南人樂得臉上原像個黑窟窿的嘴，像是更深更大了。連連做出無限感謝的樣子。我們這一群人也很感激他們，特別是孩子們，有了吃的都不叫鬧了。我們幾個人也拿到一個圓圓像飯碗大小的東西，中間插著一個小棍兒，就是那個油炸味，誘惑極了，但在他們面前，我們都沒立即吃。大家分別的談些我們不幸的遭遇事，此時我們都迫切的希望自己有個富強康樂的國家，而不再有戰爭。

港口比我們在那個學校時，他們顯得自由得多了，特別是和那些法國兵談妥後，他們抬著那兩麻袋的東西，跟著我們進入船艙裡，找到我們的坐處放好了東西，他們才下船離去。我們又跟到甲板上，月光中他們舉著雙手，不停的揮動，我們在船上也一直向他們搖手，每人都激動不住的抹淚。汽笛長鳴，漸漸的，他們舉著的雙手看不見了、人也成了些黑點，這個不知名的碼頭，曾有那麼多那麼濃重的同胞愛。回到船艙裡，我們才想起來手中握著的那塊可食的東西，原來那是一隻鴨腿，插在一坨很有滋味的麵糰裡用油炸過。這可能是越南人特殊的烹飪，也是我們唯一一次嘗食越南人的食物，那香味裡卻是同胞愛。

初入蒙陽

下了船那位僑胞的話立即兌現，這裡一邊是海，一邊是高山，中間是這一大片荒涼不曾有過人跡的廢墟，亂草叢生，霉爛的落葉發著惡臭，到處都是濕漉漉的。只見這個偌大的荒原上，這裡撐起個破單子，那裡撐著塊爛毯子，最多的是小樹條和茅草搭成的小棚子。全體的人都是在這樣的躲避風雨，踏上這個地方，一下子就像回到了洪荒的史前時代，令我們大吃一驚。駕船的人問清了我們是學生，讓人領著我們去歸隊，聽到了歸隊兩個字，我們心中升起了希望，我們想這裡一定有先到來的老師和同學。

張珺和宛中的張老師是父女，他們也是在入境時被法國人強行分開的，珺日夜都在念著父親，張老師又哪能不為女兒的去向而憂心，一見面他們父女都喜極而泣。我一眼也看到了雀屏，他們父子女三人我總算看到了一個，我為她而高興。鳳雲在女生中看到了相芳，男生中看到了白榮東、齊明書，她們這孤兒院的一群也算過來了幾個，董培玉是跟著哥哥弟弟突圍過來的。於是加上她，我們女中原有三百零五人中，只有兆炎、張珺、彩霞、培玉和我這五個零頭了。西滿女中只剩張景珍一人，幾個初、高中男校的同學，僅一百幾十人了。

這裡軍人仍占多數，有兩萬餘人，軍眷、難民，能過來的也不少。不幸的入境前法國人把這些軍人的槍械全沒收了，在有進來的人身上，連小刀、鋼筆這類的小東西，他們都全部收去了，人人都是一貧如洗，什麼都沒有了。我們這些學生經長途的跋涉早也就什麼都沒有了，此時更是衣衫襤褸得幾乎不能遮體。大半數的人都生著很嚴重的疥瘡，滿手滿腳膿血四溢，其狀慘不忍睹。

這些入境的人只是想假道回台灣，並沒有和法國兵動過刀槍，可是法國人卻以俘虜對待，先是禁止了自由，再是配發粗劣而不能飽腹的食物。每人每天只一杯米，這杯米已陳腐得連成坨，有著怪味，副食十人分食一個一磅重的牛肉罐頭。這些發米的人只知發米，他們全沒想到他們的同伴，把這些人的什麼東西都收走了。沒有鍋灶，如何把米煮成飯，語言不通，只有任他們苛虐。為了果腹，也只好自己去設法，先開了罐頭分食，然後用這個罐頭筒當鍋子，在地上挖個小洞作爐灶，米加了海水如此蒸煮。桶底小，地上又不通風，亂草樹枝更不易燃，要有火苗，你就得不住的伏下身用嘴吹，飯未煮熟人已成灰頭灰腦的淚人兒。不是焦，就是生，加上海水的苦澀做好了也難以下嚥，但飢餓得又必須吞食，更何況九個人還都在發著這個桶子呢！十天後才能每人有一個桶子。海水吃多了，很多人鬧腸胃病，翻滾著叫肚子痛的人到處可見，特別是在靜夜裡，那一聲聲媽呀、娘啊的慘叫更是沁人心腹，一夜之間常是百數十人成了殭屍，被人拖著去軟埋，慘狀更讓人寒心。

大家躲在草棚子裡，忍受著地獄樣的生活，人人都是希望著法國人很快把我們送到台灣去，但是一個月過去了，又一個月，絲毫也沒有能回台灣的消息。天天仍是食不能飽腹，氣候時轉惡劣、陰雨、濃霧，瘴癘之氣，生病的人數不斷激增。大家不得不商議對策，做長久的計畫，先就是設法蓋房子，工具就得首先克難。這個地方是二次大戰時被日本和盟軍先後轟炸，漸漸的大家尋找到些彈片廢鐵，和一些斷殘的鐵軌，就拿來敲打成刀、斧，有了工具，大家就到山中原始的森林去砍伐樹木。登山後先發現了些山泉，於是就先砍伐粗大的竹子，挖空了竹心，做成竹筒，再連節竹筒做成長管子，慢慢的把山泉引下來。自此有了淡水，生活大為改善，腸胃的病人漸漸減少，人們的健康跟著慢慢良好。

伐下的大樹做梁做柱子，小樹條編成牆壁，茅草搭屋頂。由於工具能量的不同，砍伐下來的建築材料各異，加上眾人各有巧拙，這些茅屋高高低低，大大小小，各有自身的千秋。參差的坐落在這片荒原上，看上去就像那稚齒幼童們的蠟筆畫。

男同學們給我們女生蓋的這間房子，形狀既談不上方，也不能說圓，大家命名是個蒙古包。樹條編結的牆壁稀疏得陽光可任意的射進來，海風也照樣的吹襲，散亂的茅草屋頂，夜晚室內仍可看到幾顆眨眼的星星，下起雨來外面是大雨裡面是小雨，外面雨停了，裡面仍是滴滴答答。但是這樣一間茅屋，它的一草一木都有著男同學的艱辛，特別是看著他們手上的疥瘡不住的淌著膿血，襤褸的衣衫不能遮體，光著一雙赤腳，手握著自己敲打而成的工具，既無形狀，又無利刃，勇敢的衝向那原始的森林，你就會感動得毫無怨言的承受這茅屋的簡陋了，況再聽聽那山中驚險的故事，這個蒙古包越令我們覺得全是他們的血汗和生命。

凡有流著汗喘著氣，抬著木材，揹著小樹條，扛著茅草回到營區的人，人人都會有不同的見聞。有的人說他們闖上了螞蟻群，使人想像不到的樹上棲息著的螞蟻竟兩寸來長，只要搖動了樹木，牠們就會如雨點般的落下，觸到人體就狠命不放的咬，來不及躲閃已是全身紅腫了。山區的沼澤中有種軟體的爬蟲叫螞蝗，談說螞蝗有如談虎一樣的令人變色，因螞蝗是讓人無感覺的受傷，甚或致命，據說牠接觸人體就會吸食血液，深入皮膚內，人還不覺得任何疼痛，可以致命，上山的人不少受牠們的偷襲，一經發現要用力的拍打牠才會磨掉，等打得掉落，被吸食的腿部也被打得紅腫了。遇到蟒蛇，聽到虎噬人的故事更驚險，往往會聽得你毛骨悚然，這一間間的茅屋都由這麼多冒險犯難的事蹟編織而成的。

征服法國兵的結果

排隊等著接水，伏在地上炊火煮飯，上山砍材料，每天生活刻板得有些呆滯，視野裡只有山林、翻騰的海和茅屋，入夜沒有燈火，瞬間像短少了大半，雖不是茹毛飲血、穴居野處，但吃吃睡睡近乎那原始人的生活，可悲的是比那原始人多了個有思想、有記憶的頭腦，這是痛苦的泉源。加上法國人如俘虜似的苛待，激盪的熱血不時都在每個人的腦中燃燒。營區裡不斷傳出和法國兵衝突的事件。一個黎明後的早晨，學校總管領米的郭老師，帶著些驚恐後的興奮，從外面跑回來給大家說：「昨晚我們有一個營隊官兵突襲了法國人的碉堡，沒想到其他的圍兵都俯首就擒。官兵們拿到了更多的槍枝後，再攻打他們的本營，打得那些法國兵落花流水的慘敗。最後他們升起了我們的青天白日的國旗，我們的官兵弟兄們立即放下武器，向我們國旗敬禮，才停止了對他們的攻擊，一些莫洛哥兵看到我們官兵弟兄們的合群和愛國舉動，他們竟掩面痛哭了起來了。」郭老師說這段話時很激動，稍後他再慢慢的解釋說：「法國是募兵制度，不少莫洛哥兵都是僱來的兵，他們有自身的痛苦，對法國並沒有責任感。這是為什麼我們輕易就能征服了他們，他們多半的兵也都是失去了自己的國家，受著法國人的欺凌，因此他們看到我同胞的愛國舉動，他們都感動得流淚。」聽了老師的話，團結、愛國，在我們每個人的心底起了很大的回響。

這次和他們的大衝突，表示了我們向他們的苛待反抗，因此著實的得到了有力的反應，食米的質和量都改善增加了。而且他們把運到海岸來的米，用卡車直運到營區，不再讓大家在沙灘上吃力的走著揹米了，副食也增加了些如鹹魚、油等，日用品肥皂也適量的分配。食米增加了，生活改善進了一大步，團結才有力量，有愛國的表現，才能受到別人的尊重，這次大家得到了一個很寶貴的教訓。

艱苦中能使人勵志，困難中可磨練出人們的技巧和智慧，副食增加了魚和油後，沒想到會帶來些災難。乾燥後的茅屋非常易燃，一處不當心，就會全體遭殃。炸魚的油過熱會起火，燃著了茅屋，一家失火很快就不可救的接連著燒，加上海風助威，一轉眼就成了火海，不到數小時這些茅屋全都成了灰燼，全體的人們再成了無家可歸，但是這群炎黃子孫就是不畏懼，也越挫越堅，每次失火後，大家再拿起工具立即上山，砍伐材料做災後的重建，一次比一次加了經驗，也因此一次比一次建築的茅屋更精美、更整齊。房屋有對稱的門窗，牆壁用竹子或用木條，都細心的拼成各種花樣的圖案，外觀美輪美奐。整個軍營區劃成了整齊的街道，看起來儼然像一座小城，精巧的工兵弟兄們還合力做成了幾部木製小汽車模型，維妙維肖得幾可亂真，所有看到的都為之咋舌。有的人用木頭做些小凳子，竹子編些小椅子，也有人把些罐頭敲敲打打拼成大鍋子，可蒸飯的、可炒菜的，甚或有人做成蒸籠，有人把空油桶挖成可放鍋子的灶。具巧思的婦女們，把米泡了水壓成細粉做成糕餅，更巧的還能做成包子和蒸餃，各個人推出自己心血的結晶，竟成了小集市，大家以物易物還能互做交易，給這枯燥無味的生活增添了不少情趣。

經過三次火災後的重建，這個苦難的集中營隊像是一躍進步了一個世紀。人定勝天，我中華兒女的忍性、韌性刻苦、克難的偉大精神，在這個荒原上得到一次很大的考驗，憑著雙手開闢了自己的天地，憑著智慧獲得些苦難中的生機。大家的行動令法國人景仰、讚嘆！由於大家良好的表現，爭取到僑胞來營區中的宣慰，和法國人語言上進一步的溝通，醫療方面有了改進，使患病的人得了醫治，他根除了疥瘡的痛苦，副食的種類再次增多。僑胞們給學校捐贈了些紙筆，有位同學仍保有一本《古文觀止》，有位同學把那抹疥瘡的紅藥水，攪進了幾片黃色的奎寧丸，竟然變成了碧綠色可用來寫字的綠墨水，大家輪流抄抄寫寫，我們竟有了可讀的書。諸葛亮前後〈出師表〉、蘇東坡前後〈赤壁賦〉、李陵〈答蘇武書〉、陶淵明的〈歸去來辭〉等，都是在茅屋中背熟的。意想不到的收穫，那段抄寫苦讀的歲月，給大家心上留著很深刻的回憶。

久違祖國的僑胞，談話間對祖國的文物有更深的懷念，當他們知道女同學中有人會繡花，他們如獲至寶，很快的送來了大量的繡線、布和繡花工具。段清新同學能畫能繡，壽仙、兆炎也是能手，我們大家也跟著學，大家不斷的工作，竟繡出了帳緣、枕頭很多套。當這些僑胞們來取時，他們那種像失而復得的喜悅，給這些繡品更增添了多少意義，特別是他們握著那些繡花品，像是擁握著祖國一樣的親切。我們也被感動得滿眼是淚水，繡花消磨去不少那苦悶的日子，也是那苦澀生活中的一滴芳香。

金蘭港

一個風和日麗的上午，載著我們的大船靠著海邊的碼頭漸漸的停了下來，海水向碼頭上沖出些白浪，海水藍得翻著碧綠，接連著的是一片白沙的海灘。自這海灘向遠處望去，是起伏的山崗，這個天然形成的港灣美得像一幅油畫，不僅沒有初到蒙陽時那種淒涼，入眼的一切使你全身有點舒暢的感覺，走出船艙，空氣就清新得可人，不自主的你想做深呼吸。天藍得像映著海水的一片鏡子，太陽顯得更明亮，但卻沒有那讓人難耐的燠熱，和著海風全是柔光，滋潤得難以形容。下了船雖然仍是四顧茫然，但心中卻有一種莫名的平靜，美麗的景色、清新的空氣，我們都預感著這裡會有好運。

也許是這裡氣候過於舒適，這個白淨的沙灘又沒有人跡，太寧靜了，地上卻生存著些極其不受歡迎的蛇類，看到牠的形狀，我們就給牠們取名四腳蛇，這種罕見的大爬蟲，頭很像蛇類，口中不住的吐著紅色長長的蛇信，有四隻腳，腳上有細爪，還有一條長長的尾巴，最大的有一尺多長，半尺長、數寸長的更多，各個都是一身五光十色的彩衣，顏色有大紅、深紫、寶藍、碧綠、橙黃、灰白，混合成很不規則的圖案，論色澤真是豔麗得巧奪天工，可是給人的卻不是美感，而是怪醜得令你作嘔，牠們似自命不凡的獨尊是這裡的地主。對我們這些來客全視若無睹，橫衝直闖的在我們面前穿梭，嚇得大家真是魂不附體，驚慌的尖叫充斥了這段海岸，真沒想到這麼一個美景如畫的海灣，我們這群人一走上來，人蛇不能共融，一下子牠全失去了平靜。入夜了這些爬蟲雖都銷聲匿跡，但白天印入腦中的驚恐，入睡了全是惡夢，只要有一人夢中驚叫，人人都會在夢中跟著僵直的叫喊，那種夢囈無知覺的吼叫真嚇得人半死，直到自己把自己吼醒了，似才會自動的停止，大家管這叫夜驚。那可真不是滋味，人似睡非睡，似醒非醒，呼吸短迫得透不過氣，喉嚨可不能自主的吼叫，聲音僵得像是什麼怪物，這樣的夜驚曾持續了一大段時日，多少個夜都苦於不敢入睡。

船陸陸續續的載運來更多的人，這個海灣一段段的被人們所占有，這些爬蟲漸漸的被人類征服而他去，精神上才解除了恐怖。所幸的是牠們只是橫衝直闖，本身無毒也不傷人，只是驚懼並沒有人受害。

重拾書本

這裡雖也是沒有住處，但氣候適宜得一襲衣衫日夜都可應付了。從這海岸向上走一大段路，那裡有早撤來的二十六軍，他們雖是也全繳了械，但一個軍是沒經過戰爭完完整整進來的。他們有精通法語的翻譯官，因此受法國人很妥善的照顧，建築房屋的材料都是法國人用船運送來的。如此我們這批人到來，法國人也如法的用船運來竹子茅草等建築材料。有了材料，飽有經驗的軍中弟兄們很快就建造起房屋了，軍長彭左熙先生聞訊這裡來了一批學生，立即派了工兵來替我們蓋房屋，不僅建了男女生宿舍，還給我們建了幾間簡單的教室，雖然教室內並不是桌椅，只是一條條可坐的木桿，但是有教室這個名字，已夠我們興奮的了。大家對軍長愛護學子的心意是銘心的感激。

這裡法國人還發給炊具，大型的鍋，簡單的灶，燒柴仍需到附近的山中去採拾。比起蒙陽那段苦日子，這裡的生活是容易得太多了，所以很快的老師們就計畫上課，主要的課程仍是國文，因為有那本古文觀止。紅藥水，瘧疾丸得來最易，大家可任意的抄寫，校長是國學大師，註解詳盡生動，同學們興致更高，於是這些古文的名篇被我們一一抄出，天天熟讀背誦了。經過這麼長久的顛沛流離，大家嚮往讀書的心，真可說是如飢似渴，能有這樣的環境已覺不易，早上只要東方發白，任何地方都可以看到專心高聲朗誦的男女同學。最感人的是夜讀，大家節存了食油，裝在小罐頭盒裡，用條破布作燈芯，席地用麵粉舖板當桌子伏在那裡抄寫，入夜了到處是這樣的燈光，直到油盡燈枯才上床休息。

甯長信老師精通中外歷史，所以歷史課本是在他腦子裡，他講述大家作筆記。如此歷史課在這段時間中算沒有荒廢，教數學的曾老師別有巧思，早起使他找到了個最好的教室和白板（應該是黑板），海水晚上漲潮，早晨退潮，退潮後的海灘平展光潤，就像一塊板，曾老師別出心裁的邀集些同學，用樹枝在沙灘上畫講些幾何代數。別致的教具教法，那些代數的公式、幾何的定理都很自然的記著了。再後校長又在軍部請了一位教英文的許老師，教材是抄些僑胞送來的老雜誌，不少都選些美國總統的文告，讀了英文還得些政治的常識呢！政工隊中還請來了一位教音樂的沈老師，大家聚集重溫舊歌，不管是上課，或者在課餘，大家哼哼唱唱，精神頗為舒暢，驅走了不少心中的煩悶。程老師是國父三民主義的信徒，沒有課本，他能把民族、民權、民生主義、建國大綱、建國方略、實業計畫註解得詳細清楚，頭頭是道，每上三民主義課時，大家都聽得入神，除國文外，大家能背得最詳熟的就是三民主義了。能上課，師生們精神為之一振，心情上也較前穩定，而有了些寄託。

法國少校

少校是這裡管理營區的法國軍官，穿著一身卡其的軍服，戴著一頂船形的軍帽，肩上有朵梅花軍階，胸前有些法國軍人的標誌，頭上卻是中國人的黑髮，看到他那黃種人樣的膚色，你更想認他是同胞。中年以上的年齡，挺胸闊步，精神抖擻，一身都散發著踏實、認真、負責的樣子，臉上常流露著祥和可親的笑容。自大家開始建房屋，他就每天穿梭在這個營區裡，帶著羅翻譯官，不住的問建築材料是否短缺什麼，工具是否夠用，廚具是否分配得平均。食米、菜類、油鹽等質量也都關心的查問。每走到學校區，他更是多逗留些時候，通過羅翻譯官，講些對老師們敬重的話，走到同學們面前翻翻我們抄書的簿本，做出些讓我們好好讀書的手勢。臨要離開時，總是用他那厚大的手，摸一摸小男同學們的光頭，然後豎起大拇指，兩眼瞪得大大的，學著羅翻譯官教他的三個字「了不起」，雖是生硬得好笑，但是語音充滿了對同學們的激勵。

我們拍手給他讚美，致謝，互道再見，他的來臨，每都帶給大家些溫暖的滋味。

一個大清早，少校抱著一大匹黑布，走得更有勁，羅翻譯官緊緊的跟著他，走進我們宿舍的大庭，他累得滿頭冒著汗，臉上的笑容更真誠，原來他是來送禮物。他手指著這匹黑布，兩手不停的比劃著，意思是給我們做衣服，看懂了他的來意，我們都感動得流出了眼淚，大家都向他鞠躬深表謝意。他從羅翻譯官那裡又學到了小妹妹，小妹妹三個字，他學著說時臉上的笑容更是慈祥了，同時他又說出了更感人的事，他說：「我應該是一半的中國人，因為我的母親是中國人。」說到了他的母親，他的表情像是和我們跨近了一大步，態度更為親切，他又接著說：「我的母親精通法文和中文，她是一位端莊秀麗的中國婦女，我記憶裡母親有很多美德，所以自幼我仰慕中國的文化，我受母親的影響很大。」透過羅翻譯官他講這些話，可以感到他以自己是半個中國人而驕傲，最後他要羅翻譯官加重語氣譯出「施比受更為有福」這幾個字，他說這是母親常教導他的中國諺語。

越南的黑布是經過特別處理過的，有正反兩面，正面明亮發光，很別致，校長給我們每人分了一段，每人拿到手盡快的都做成了一條褶裙，這是兩年來第一件新衣服，同時這條新裙子還帶有這位少校先生特有的一份情感，更使我們感覺溫暖可貴了。

相隔了不太久的時間，又有來訪的僑胞，又贈給女同學們每人一套新衣服，白色的上衣，淺藍色的長褲，一下子我們像是富有了，換上新衣，每人除去了那份慘相，真像是換了一個人，大家都精神了些似的。

換下來的破衣服，大家把它廢物利用，撕成破布做鞋底，裙子餘下來的布做鞋面，做成了幾雙男鞋，由老師們分給那幾位給我們蓋房子的工兵連排長，還給那位少校也做了一雙，他們把我們這些克難的成果視為至寶，表示讚佩和感激。

種菜

房屋、衣食都有了，生活漸漸的更覺安宜，這裡不僅氣候適宜，沙地特別的肥沃，易於種植，更奇特的是任何地方，只要向下挖上數尺深，就會有清水，而且是可飲可煮食物的淡水。海岸向山邊伸展，廣闊得每人都可任意的劃塊地為自己所有，法國人加發蔬菜的種子，讓大家種菜，領到了種子，人人都多了希望。

每人都劃地為菜園，在每塊田中間挖井，然後開墾、播種，很快的這片沙灘綠油油的成了良田，最多的是空心菜，另外小白菜、包心菜、蔥、番茄、瓜類，樣樣都豐盛得摘採不盡，最能覺出爽意的是下了課放下書本，大家都走到菜園裡，澆水、施肥、拔草，或是收穫。陽光滋潤的照射著，海邊徐徐吹過來陣陣清涼的海風，如不去煩心那不自由的痛苦，看著這美麗的景色、茂盛的菜園，還真能陶醉片刻呢！

成立小學部

數月的時間過去了，回台灣的消息仍是音訊全無，難民和軍眷區的學齡兒童，日子一天天的荒廢，不少的家長們來學校要求讓我們辦理小學部，收容這些學齡兒童。基於他們的要求，校長答應成立小學部，挑選我們同學中班級高、年紀大點的出來任小學部老師，選定後，小學從一到五年級，設立了五個班，我被派教四年級的國文，再擔任四年級的級任老師。要開學的前一天，我們被指派的這幾位同學，心中都有些誠惶誠恐，不知道自己能勝任嗎？我心中很矛盾，有些不安，也帶著一點點的興奮，不安的是自己一點都沒有教學的經驗，興奮還是有點稚氣的心，要當老師了，好像明天人一下子就會長大了許多，東想西想，一夜都不曾安睡。

燒飯的海光裕，把一間教室的牆上掛了個大鐵桶，早飯後他拿了個大木棒，一下下往那個大鐵桶上敲打，他說那是敲的上課鐘，孩子們被家長們帶領著從四方走來，一會兒，學校前面這個廣場上，被這大大小小的孩子們熱鬧起來了。不同的穿著、不同的鄉音，一個個天真活潑的樣子，看了真讓人興奮，伴隨著父母的孩子們，儘管同是在集中營裡，他們仍沒失去那天真的快樂。我們指揮著讓他們排好隊分了班，秩序意外的井然，給我們每位小老師都增加了不少信心，小學就這樣的成立起來了。國語、常識、算術都由我們自編教材，我任教的四年級中，孩子們的年齡參差不齊，從八歲到十三歲的都有，我選教了三種教材，為使孩子們引起興趣，分三組教學，幾個年紀大的孩子對我的認真教學很受感動，自動自發的熟讀、背字，每天還寫篇日記送來讓我批改。如此我要抄寫自己的書本，上自己的課，再加上小學部這些課業，一天的時間，被很多的事情是擠得滿滿的，但時間是沒有白費的，看著這些孩子們一天天的進步，我內心著實得到了很多的快樂，更可貴的是和他們建立了很濃厚的感情。可親的家長們，這個父親給我做個小木凳，那個母親給我做雙布鞋子，可愛的孩子們在我不知中把我種的菜都先澆了水、除了草。最快樂的是他們一群人圍著我談笑玩遊戲、講故事，真像是有了家，有著這可愛的小弟妹。

月夜

夜晚多是抄書，每人對著那自製的油燈，安靜得可以聽到那筆尖觸磨著紙的聲音，大家都在爭取這可貴的時間，但有時油盡燈枯，似還沒有睡意，特別是室外有一輪皎月，誘使得更是不能上床就寢了。大家一興奮，就會溜出室外，這個背山面海的港灣，夜來仍是如畫，月光明亮得有如白晝，目光能接觸到的地方，都像輕塗了一層銀輝，空氣新鮮得整個宇宙覺著像一盆清涼的水，你想張臂泳動，大地安靜得像什麼都屬於你了，海風捲著的浪，一個推擁著一個，轟隆轟隆發出有節拍的聲音，好像是造物者還在為你編織什麼。不能入睡的我們就簇擁著，跑到後面的廚房裡去，就地挖起些白沙，放在大鍋子裡，然後架起火燒，燒到沙全熱了，把玉米放入沙裡（玉米是配發的一種副食，但無法食用，存放的很多）用鍋鏟攪拌，玉米就會在熱沙中開花，大家就各拿容器撿拾，玉米爆完了，每人都笑，興來時也合聲背誦國文或英文，但這時是最怕有人在邊上哼起那思鄉的歌，一人哼起大家如再應和，一晚的笑聲就會全變成哭聲了。那首我記不得歌名的歌，「離別了這裡不知多少年喲，那留戀的祖國，望了又望，眼前只是一片渺茫和遼闊，什麼時候，才能看到故鄉的山河，靜靜的夜喲，冷冷的風啊，明月向西落。」這首歌最易讓人哼起，每哼起就像利刃，刺出思國憶鄉的血淚，春去秋來，這港灣裡有多少個如此的月夜，我們也有多少次的油盡燈枯。

夢

入睡了，多是在驚恐或是悽慘的夢裡。呼吸緊促，四肢無力，滿頭大汗，急驚而醒，或者就是滿眼淚水，傷痛的哭醒，夢多半是在黑暗中摸索，天上是濃重壓下來的黑雲，地上有強力的旋風，天昏地暗孤獨得不知去向，霎時雷電交加，電光下擁擠而來的全是些猙獰面孔的鬼怪，張牙舞爪，向著自己伸來。很多次也是那些兇狠的匪兵持槍要脅，被這些鬼怪拉著了衣角，心快要跳出胸膛，掙脫中猛跌了下去，一陣尖痛，原來是睡著的這些竹片墊痛了身子。無月的夜，室內是漆黑的，牆壁上的竹片茅草被海風吹著發著些怪音，驚夢的常不是一人。

我回家了，頭髮蓬亂，滿臉是汙垢，衣裳襤褸得不能遮體，全身疥瘡滿布膿血，赤著腳鞋子也沒有了。雲霧模糊中，村子的那個殘破的寨門在眼前出現，走近了，寨牆外小河邊往日輕蕩著的垂柳枝葉稀疏，只剩下那些炸裂開的枝幹了，走進村子，往日的一片碧綠樹木，像是經過一場大火燒過了似的，樹葉全沒有了，所有的樹上全是那些忙碌的黑色大螞蟻，看得我全身發麻，疥瘡更癢痛了。村子裡的人很稀少，而且各個人都冷漠得沒有一點表情，明明都是些熟面孔的親人，當我伸開雙臂撲向他們時，都被他們冷冷的一轉身，我撲了個空，冷落得使我不禁的連打寒噤。跌跌撞撞的走到家門口，院牆段段的倒塌了，大門向一邊歪斜著，門上已褪了色的對聯，破爛得被冷風吹著，但我還能辨出那是紫色。想到紫色，使我馬上意識到家中是出過了喪事，想到喪事，我就先想到是母親病故了。我心中一酸，那止不住的淚水如泉的湧出來了，淚眼中見院子裡那棵大樹倒了，樹幹朽了空了。腦子裡很清楚的記得祖父母指著這棵大樹說話的笑臉：「這棵大樹等冬長大了，給冬作嫁妝噢。」樹怎麼倒了、朽了，祖父呢？祖父呢？看著這空了的樹幹，我心中驚叫，堂屋的一排房子歪斜了，東屋廚房塌了一半，鍋灶被雨打得濕濕的，牆上敬拜的灶爺被破屋流下的汙水弄得全模糊了。我抹著眼淚，眼睛到處搜尋，卻找不到一個家人，我開始張開嘴大哭了。兩邊磨房屋裡出來了一位老人，我一眼認出那是靳大奶，她腰彎了，背也駝得突出了個高峰，我撲向她，她順勢把我往屋子裡拖，邊拖邊怨聲的說：「看看妳媽，看看妳媽。」拖到床邊時，我看見的卻是蜷曲在床上的一堆枯骨，我嚇得面孔失色，她連連的又說：「這是妳媽呀，這是妳媽呀！」說著她也傷痛得大哭起來了，她再斷斷續續的說：「我把她交給妳，我也安心了！她是病死的、餓死的，沒人管她又有身孕。」她再加重的說：「餓死的、病死的。」聽著她的話，我叫喊著雙腳跳著哭，雙手更用力的捶打自己，瘋狂似的哭叫。醒醒，醒醒，玉琴在邊上用力的握我，握著了玉琴的手，我覺得四肢癱軟，胸口像壓著一塊大石頭，悶得有點透不過氣來，枕著的衣服濕了一大片，臉上是如洗的淚痕。

類似的夢是常如此的出現，每個人的夢都大同小異，驚一陣，哭一場，這是夜晚的常事。

第一次的信息

校長帶著那很不尋常的興奮，人尚未走進學校，已張開雙臂，做出讓我們快聚攏來的手勢，大家都蜂擁的向他跑來，想他一定是在軍部帶來了好消息，我們幻想著或許是要回台灣了，人人也都興奮得手舞足蹈。校長迫不及待的告訴大家說：「少校將代我們每人寄封家信，他說這是他給大家的聖誕禮物。」聽到能寄封家信，這真是天大的喜事，沒有任何禮物比這個禮物再珍貴了。日日夜夜每個人的腦子裡都有著多少的問號，想要知道家中的事是太多太多了，兩年來的流浪，千奇百怪的苦事，要告訴家人更多，一時大家被這個難逢的機會鼓動得心潮翻騰，手顫抖的握著筆，邊寫邊抽抽噎噎的唏噓！

自這批信交到了少校的手中，大家即開始在盼望著回信了，再看到少校來視察營區，我們就會不自主的看他手中是否拿的有信。一天天，大家都這樣熱切的盼望著，不負所望，信真的一封封在不同的時間來了。烽火連三月，家書抵萬金，此時我們真的體味到了思鄉的心情，幾人歡樂，幾人愁，大家一天的情緒好壞，就看這一天來信的內容了。女生中最先接到信的是雀屏，因雀屏的父親是王老師，再者不少人都看到過雀屏的哥哥被俘後，被共軍抓去揹槍，所以雀屏的信一接到，每個人都注意。雀屏也急得一下子把信封全撕破了，信紙尚未打開，一張小小的照片先掉出來了，我急忙替她撿起，以先睹為快，駭然是個熟悉的面孔，那竟是雀屏被俘的哥哥。我幾乎叫了出來，這張照片只是個戴頂共軍帽子的頭，帽子上那個五星，像反光一樣的刺入我的眼裡。雀屏哭著讀信，王老師這樣寫著：「雀屏愛女見字，兩年來這是我第一天高興，接到妳的信，知道妳平安的在越南，而且學校又能復課了，這消息比什麼還能再好呢！我於三十九年咱們在廣西分散後，走了月餘才到家，妳母親和我都好，望妳不要掛念，好好用功讀書。妳哥哥被派到朝鮮抗美援朝，一起被派去的同學很多，這裡有張照片，妳好好保存留作紀念。」王老師寫（知道雀屏平安的在越南，學校復課了，他高興）這些字都寫得很大，這些字裡行間可以看到他為我們能在越南的人慶幸。抗美援朝那幾個字寫得亂得像是畫的一樣，有點毫不情願，這幾個字的旁邊畫了幾個點，像是大大的幾顆淚珠，由這些記號可以看到王老師的滿心委屈。雀屏信未讀完，淚水已像是決了堤，握著信和照片嚎啕起來了，大家也都跟著她哭成了淚人兒，最令人痛心的，是我們那被俘虜的同學，竟都被拉到韓戰去當砲灰了。

兆炎母親的信，像是一包苦澀的淚水，她這樣寫著：「妳爸爸跟不上這新社會。」這跟不上三個字，很清楚看出是看不慣三個字抹去後又寫的，「加上不知道妳的下落，一年前就去世了。」讀到這裡兆炎就哭倒在地上了，兆炎的父親是位飽讀詩書的老學者，她是家中的獨生女、父親疼愛的掌珠，父親教書，一家三人生活很幸福。共產黨攻城時，老先生就預言，如國軍守不住這個城，往後的日子是沒有好過的，兆炎雖是他心愛的獨生女，他還是主張她離家隨校南遷，兆炎是因父親堅持才離家的，不意也成了永訣。

斷斷續續不停的有信來，從每封不同的信中，知道家鄉一切都在變。一天我澆完了菜回來，入耳的是男人的哭聲，走近了正是校長和珺在相擁痛哭，家書傳來了噩耗，珺的兩個幼弟，一個耐不住家中無炊出走了，另一個也因飢餓送給了別人，過於憂傷的祖母去世了，母親帶著兩個幼妹，艱苦加上多病難以度日，這消息怎不讓人得知了心碎。

我一直接不到家信，心中一天比一天憂愁，一天男同學中我有一位族叔接到了家信，我們是同村親族，我喜出望外的快跑到男生宿舍去看他的信，但是當我看到這位族叔時，他已木呆了，眼睛瞪得大大的，人僵直得眼淚都流不出來了。他的信是這樣寫著：「因為你一直沒有消息，你的岳家要求退親，因為我們是地主有罪，誰都可以對我們兇狠，你的岳家來退親時，說了很多恐嚇無理的話，你父親氣得當場胸痛倒地，吐了很多的血，自此就重病了。病中又接到公安局的命令，地主到三十里外去，得申請路條，沒有路條不能出門，你父親再一氣憤又吐了很多血，就去世了。」信我看得痛哭失聲，大爺是個大好人，除我的曾祖父外，村子裡的人，屬他讀古書最多，寫一手好的毛筆字，書香使他看起來文謅謅的，連惡聲說句話都不會。大爺一家人的節儉是村子裡最有名。記得他們儉省得村中都能作笑談，說他們用油都不用大匙舀，油匙是一根小竹桿插著個古銅錢，只怕匙大了會浪費。麥季時全村都換了白麵饃，他們一家吃的仍是一半高粱麵，一半麥麵的饃，若說大爺家是地主，他家的田地都是他一家人省吃儉用，節約下來的，給大爺加上個地主的罪，來虐待他，那是最冤枉的了。

族叔自得到這封信，神經失常了很久，天天坐那裡獨說獨念，盡是說些失常的話，他是唯一和我同村子出來的人，結果是落了如此下場。

好不容易我也等到了一封信，是父親王新光從河南開封寫來的，沒有信紙，信就寫在信封的內面，斗大的幾個字，我想知道的事情連一分也沒有，只是要我好好的讀書，這幾個字寫得特別大，而且在邊上還加畫了兩條曲彎的雙線，父親一向膽子最小，也很怕事，只看他的這封信就可以知道他精神上不太有自由，我非常失望。直到又接舅舅代筆替母親寫的信，我才知道我離家時母親懷著的身孕，是現在已兩歲的妹妹，信只在妹妹的身上打圈圈，說她比我小時候長得好，如何活潑如何聰明。我覺得全是些弦外之音，我想知道的，舅舅都沒說。信封上母親的地址是一位同學的家，我知道這個同學家並不富，房子也不大，母親怎麼住到那裡去了，我百思不解。很顯然的，我們那鄉下和城裡的兩個家都沒有了。接著母親說：「你這個姊姊何時能回來抱抱妹妹呢？」我失聲的痛哭了，那離別時的一幕景象，又在我眼前湧現，冷風中緊握著母親的手，黑夜裡母親一再的叮嚀，我揹著那沉重的背包很困難的回首。我緊握信箋，所有的痛苦全都來了。

同學們一封封的家書，帶來的是人在凋零，故鄉的一切也都在片片的破碎。這群遊子心上的負擔日甚一日的沉重，也日甚一日的複雜了。

悲慘的吳德穆同學

吳德穆同學是甯長信老師的親眷，他看起來比男同學們的年齡都要大些，我不知道他是哪個男校的學生，或是他是跟著甯老師一塊逃難。他被編在初中部上課，年齡比級別是高出了一大截，他的個性很內向，平日非常安靜，從不見他和男同學們一起大談大笑過，但做起團體的工作來，他是很賣力，上山砍柴，同學們都知道他揹回來的捆最大。他和其他的男同學一樣，擁有著幾塊菜地，他的菜地都是劃得方方正正的，各種菜蔬有埂有壠，看上去很行家的樣子，同學們也都說他菜田中的井打得最深也最好，井內圈編了樹條，不僅沙不塌落，還永遠保有足夠的水量，和他的菜地臨界的人都常受惠，他的各種菜都長得好。凡事他好像都比別人認真，而且也做得好，他最喜歡的課是國文，他抄的書字體工整又清楚，很多人都喜歡等他先抄好再借來抄，別人一誇獎他，他謙虛得羞答答的先臉紅。特別是女同學借了他的書，他那臉更紅得成了關公，同學們會笑說：「吳德穆同女生講個話像犯了罪。」他是這樣一位保守的男同學，他不是不合群，就是不喜歡多說話。

同學們都知道吳德穆的家中也有信來了，但他並不像別的同學一樣，把信公開了，他不讓任何人看他的信，自己可躲躲藏藏的讀了再讀。自有了這封信，他的精神一天比一天的失常，先是睡著了夢裡講話，再是日夜不眠的自己講話，由細語，再大聲，再邊說邊哭叫，漸漸的他就這樣的瘋了，瘋了後他的言行全是仇恨，隨時都會向人猛撲過來要罵人，要打人，要咬人。他瘋狂時是一臉不能掩蓋的痛苦憤怒，無法中，只好設法把他關起來和同學們隔離，被關起來後他越發的瘋狂暴躁了。撕破自己的衣服，抓破自己的皮肉，日夜聲嘶力竭的咒罵、吼叫，多少次他想闖出那被關房屋的竹籬，全身都是闖傷的血痕，他的一聲聲的嘶吼，像刀子一樣的穿刺著每位同學的心，多少人為他落淚，但人人都是束手無策，最困擾的就是他偶爾闖了出來，一陣亂撲狂奔，整個校園都騷亂了，我們女生更是被嚇得魂不附體。我們所住的茅屋都沒有門，任何人都可直來直往的進入，多少個夜晚，我們心中那份驚悸真是不能用筆墨形容。

無法中，只好把他送入營區的醫院，自關進了醫院，他的病情更一天天的惡化，老師同學們也常去看看他，但每去除帶給他更多的刺激外，毫無一點補益。最後一面他已不知進食，更不能自理便溺，瘦成了一具骷髏，一對血紅的眼睛已乾枯得流不出一滴淚水，那一直還在憤怒叫罵的嘴角上，是血水混著些白沫，最後只能見他嘴在不停的動，聲音是一點都沒有了。他的生命就這樣一滴滴的耗盡，悲慘的在那個醫院裡結束了，同學們無不為他的慘死而傷痛，每個人都留著這抹不去的烙印。

大家都猜想，一定是他那封信中有很多難言之痛，由於他比大家年齡大，想他逃出來前一定是結婚了，其他同學的信中有提到共產黨逼著有些少婦改嫁，想也許他有著這種刺傷吧！沒有人忍心再去問。

寫血書

自從生活裡又平添了這些家恨，使我們不自主的也會又想起那城陷的當日、離別的痛苦，和流亡中的種種遭遇。眼前的生活又是這樣的刻板，日常的事全得自理，上山砍柴、做飯、種菜，衣服鞋子都得自己縫縫補補，被雜事煩死累夠了才能輪到讀書，書呢，不是需要手抄了才能讀，就是要跟著老師的口述快點筆記，抄寫的筆只是個能沾水的筆尖，論時間全是事倍而功半。接到的家信都是把好好用功讀書，把握年少的時間，圈了再圈，點了再點，讓它醒目，讀著這些親人們信中的叮嚀，對眼前的生活更感慨，時間如此的流失更覺得可惜，於是老師同學們聚集商討，希望能找出個對策，每次的結論都是說快設法回台灣，但是要回台灣如何來爭取，這是最困難的問題。

儘管這裡不像在蒙陽那樣，背著山面對著海，還有層層的鐵絲網和持槍的法國衛兵，但是山和水還是限制自由的天然獄牆，行動沒有自由，言論雖沒人管束，只是自說自話，這自由不發生任何效用，通信只是賜給禮物的機運，因此對外是一籌莫展。離家時大家是要追隨政府，但是退卻到台灣的政府，一點也不知道這裡還有一批冒九死一生、赤膽忠心嚮往政府的同胞，而且還是些莘莘學子呢！

討論中大家都激動不已，最後決定我們全體師生寫上總統血書，還請那位善心的少校轉寄。

老師們準備了一方白布，我們準備了大針和細錐，讓大家取血，老師們率先用他們的血，寫出了效忠領袖、誓死回台灣幾個大字後，再書寫上他們每人的名字，同學們也都爭先恐後的刺血書寫姓名，不少男同學激動得狠狠用牙齒咬破了食指，用力的抹上自己的名字，重重的說了聲「大丈夫當如是也」，他們激昂、豪邁得更讓人淚下。

少校看到這份血書也為之動容，連連答應把它帶到西貢去寄。大家想這一舉也許會打開一條自由的出路，能和政府取得聯絡。哪知我們日夜的盼望，這塊血書一去就如石沉大海，一點回音也沒有，兩月後，我們再如前法炮製又寫了一塊血書，再請託少校投遞，仍是沒有下文。後經傳說，凡是要寄往台灣的信件，到了西貢就被法國政府扣著了，據說法國人受著共黨的威脅，如要把這批人送回台灣去，他們就攻打越南，這下子也使我們突然憶起，初到蒙陽不久，法國人還說要把我們送回大陸去，經大家一致的反抗，他們才打消了這個念頭。

知道了法國人的恐共心理，我們非常鄙視這個文明的古國，不自由，毋寧死，還是他們爭自由的口號呢！如此的剝奪我們的自由，實讓他們自己蒙羞。

一次再次的血書，我們的血都是白流了，回台灣的事仍是泡影。

一次再次的書寫血書，但是都沒有回音，一天，營區中盛傳著大家要以絕食的消極方法來和法國人對抗，這傳言漸漸的成了事實，校長和宋老師先後到軍部參加計畫絕食的會議。回校後報告說現在全營區的軍隊、義民同胞，都對法國人把我們這樣無限期的囚禁忍無可忍了，大家商討決定在今年的聖誕節前夕開始，絕食三天，金蘭港和富國島上，我全體留越軍民一致行動，校長講到這裡，情緒已開始激動，聲音有點顫抖的說：「我們假道越南是要回台灣的，而法國人食言背信，罔顧我們的意願和目標，更忽視我們的安全和健康，對我們同學們來講，更是在浪費我們讀書的寶貴時光，我們這次要堅決的參加這項全體的絕食運動。這次會議中決定絕食起自西洋人普天同慶的聖誕夜，這行動更具意義，我們要讓世人知道，他們在歡度佳節之時，這兩個孤島上卻有三萬八千人在為爭自由而絕食，我們不用武力，更不要打鬥，我們要用我中華兒女不屈不撓、堅毅果敢的奮鬥精神，向他們反抗到底。」校長講到這裡，兩眼滿含著淚水，激動得再也說不下去了。同學們個個摩拳擦掌也都悲憤得不能自已。

宋老師接著報告讓大家如何準備，他說，絕食將在露天下進行，為顧及女同學們的方便，要我們把每人的被單縫連起來搭篷，並要大家準備水。他更再三囑大家在絕食期間鎮定冷靜，拿出我們大國國民泱泱正義的勇氣和精神，這是我們爭自由的第一次舉動，我們要慎重，宋老師的喉嚨也哽咽住了！本也在激動中的同學們個個唏噓飲泣，我們女同學全都哭出了聲音。國仇家恨、流離失所，所有的苦痛一起湧向心頭。

絕食要開始的前一天，我把所有能裝水的工具，盡可能的都裝滿飲水，照著宋老師所囑，把每人僅有的被單子用針縫在一起，四角綁上木棍先搭成頂篷，四周再用剩餘的單子圍著，圍成了我們女同學特有的一塊地方；男同學們把所有的廚具用繩子綑綁了，抬到海邊和軍中弟兄們的廚具排列成行。這準備的工作大家全是動作，沒有一點聲音，一張張嚴肅的面孔上，都帶著濃重的無國無家和不自由的悲淒。

天一破曉，整個營區不見一絲炊煙，時刻一到，各單位都齊集列隊走出了茅屋。沿著海灘西邊望去，一片用棕色麻布袋製成的標語牌，橫張在海灘上成了一片棕色的波濤，每片麻袋上都大書特書我們絕食的心願和目的，每個字都帶著人心的怒火，如不自由毋寧死，法國人你們背信忘義，言明讓我們交了械，送我們回台灣去，你們食言了，還無端的囚禁我們，我們是反共的鬥士，我們不是法國人的俘虜，我們是民主陣營的戰友，你們卻把我們當作敵人，你們的行為會使親者痛、仇者快。快把我們送回台灣去，我們要自由，不達到自由的目的，我們將不會停止奮鬥，我中華兒女頭可斷、血可流，爭自由的意志不可屈……書寫著這些激情文字的標語，多是中法文對照，這些麻袋迎風招展，似飄動著我們全體爭自由人們的吼聲。

爭自由委員會在營區中心搭起了一座爭自由的司令台，台上正中央掛著總理的遺像、總統的肖像，兩幅像的下面是特書總統的遺訓「和平奮鬥救中國」，這則遺訓此時更為醒目，字字更如一聲聲的驚鐘，鳴出了中國近百年來的苦難，內憂外患、民不聊生，此時大好的河山變色，大家身為異域囚，有血性的中國人怎不泣血！

更感人的是，全體軍民用鮮血書寫成的上總統書，鮮血寫成的誓死效忠領袖的標語、鮮血繪成的大幅中華民國地圖，都在司令台上密密懸起，大家愛國情操的莊嚴雄偉，真可說是壯觀空前。

開始絕食前，全營區的軍民學生，聚集在司令台前廣場上做絕食宣誓，絕食委員會的代表們宣讀有關文件，有向聯合國指控的，有向國際間宣傳的，有的是致書海外僑胞，最重要的一份是致法國政府的第三次照會，希望他們在我們絕食期間，官兵勿到絕食地區通行騷動，以免發生意外。委員們宣讀完畢，彭佐熙司令官致詞，當他言及兩年來，我軍民同胞在島上含憤忍辱，身體上承受著風雨飢寒，精神上更有著不自由的束縛痛苦。國破家亡，這四個字再一出口，這位堅貞愛國的勇將再也耐不住的聲淚俱下了！台上的各級長官也無一不涕淚縱橫，台下涕聲更是簌簌如雨。悲淒把大家融成了一體，人人都握緊拳頭高舉怒吼，不自由毋寧死，自由是反共抗俄，大家爭自由不達目的死不休。中華民國萬歲！蔣總統萬歲！高呼了這些口號後，悲傷憤怒化成了團結堅強的力量，各單位分別到預先指定的地方實行絕食。

這一整天都是豔陽烈日，大家安然無聲息的靜躺著、坐著，任由這烈日烤曬，本該有的海風似也被這奇靜凝著了，一絲都不曾吹過。我們這些女同學看上去像是得天獨厚的躲在帳篷裡，但實際上在太陽的照射下，這篷子裡有如烤箱，悶熱得我們也全在流汗，汗濕和著沙子，我們身上像是加多了一層粗糙的皮膚，如不是胸中那份堅決爭自由的心，那悶熱可真是難耐。

天將黃昏，太陽的烤曬漸覺消去，突然狂風大作，風有力的捲起飛沙，漫天成了白霧，海浪一波接一波的轟隆巨響，和著這岸上的沙霧，實如萬馬奔騰，這海灘像成了廝殺的戰場，讓人驚心動魄，夜越深風更疾，但儘管天候如此的肆虐，露宿的絕食陣容仍是井然，實為我中華兒女的堅毅而驕傲。

黎明風的威力漸息，天空卻密布著烏雲，絕食區的通道上湧出了一批老弱孕婦和兒童，他們原被指定不必參加絕食的，但是他們一出現，如悲鳴的高喊著：「我們是中國人，我們有愛國的自由。」要求也席地和大家一同絕食，他們的出現，令在場的人都更為之悲憤，特別是那些兒童們所表現的奮勇，令不少人為之痛哭。奇怪的是，此時風沙再度捲起天昏地暗，疾風又急轉驟雨，雨勢大而猛得如向地面上穿箭，天人都陷於同聲一哭的悲痛中，真是此時的寫照，是我們這群不自由的人悲憤感天嗎？

絕食後，法國當局受各國主要報紙的報導及輿論的壓力以及聯合國的重視，開始對我們這些羈留在越南集中營的中國人，有了重大轉變，最明顯的就是主副食品增加了，品質改善了，法國人不再以囚犯待我，我們的生活也跟著提升，有條件的自由了。事實上，這次絕食，對我們最終目的回台灣幫助更大。

富國島

好景不長，接著又來了二度的遷移。那是因為留越軍民奉命集中富國島準備回台。於四十一年四月四日，全校師生隨金蘭灣營區第二梯隊，乘法輪三天兩夜後到達富國島。

富國島位於越南南端暹羅灣內，地形北方寬、南方尖，呈長三角形，面積大約六百多平方公里。島上有山、有水、有居民，有陽東街市及吩哆鎮，也有華僑，但人數不多。氣候炎熱、多雨。陽東市有一個小型飛機場，它亦是一處大操場，大家集合、看晚會，士兵訓練的場地。現在，住過越北的蒙陽，中圻的金蘭港，南圻的富國島，好像我們住遍了全越南。

到富國島後，又要重新蓋校舍，有了金蘭灣的經驗和技術，這些工程是難不倒我們的，校舍蓋得將比金蘭灣更精美。但時逢當地雨季，雨下個不停，冒雨入山砍找材料。島上的中央尚屬原始森林，毒蛇猛獸，隨地都有。尤其螞蝗猖獗，嗅到人體氣味，即從樹上紛紛落下，附體吸血，不飽不止。同學們現在經驗豐富了，入林前，渾身上下塗抹肥皂，以為預防。不管晴天雨天，經過全校師生一個多月的共同努力，加上有軍方官兵的協助，竟完成一棟工字形茅屋，有辦公室、教室，另還蓋有宿舍。廚房建在校園後方小河對岸。河上有我們用檳榔、木材自建成的克難橋，還有用竹子木材建造的巍峨壯觀的校門，藝術樸實的造型，發思古之幽情，寧靜致遠的深意，嘆為建築之美，獲得營區有識之士的稱讚，來來往往難友們的駐足觀賞。

張校長為使留越軍民子弟，在海外能受正常教育，特請國軍管訓總處，將富國島營區所辦中華華僑小學中附設的初中班學生併入本校適當班級就讀；本校原小學部同學編入中華小學就讀。遂於六月九日中華小學畢業班及附設初中一二年級同學即來校報到入學。此時學生生人數增加了，一切顯得充實起來，八月中旬正式開學上課。另一可喜事情，是校長在營區中敦聘了數位學有專長之士，來校兼課，擔任教席，以加強教師陣容，學校頓時朝氣蓬勃，另有一番景象，頗得營區、僑界的讚揚。

在學業方面，每位同學都有了華僑捐贈的沾水筆尖、簿子和紙張，也捐贈了一些課外讀物。另外由我們同學自己發明的用紅藥水、紫藥水變成替代品墨水。不管是國文、英文、數學、歷史地理等，全靠同學們互相抄寫為課本，因為教育部寄來的標準課本不多。抄的最多最好的要算是「古文觀止」了。因為校長說，能背古文觀止越多越好，它是終身受用無窮。像董培玉就能背近百篇，張珺就能背八十幾篇。同學們學習的情緒更濃，學業在大家努力中，無形中有了很神速的進步。

在羈留的集中營內，幾年的自立自發，克難學習，同學們都成了萬能的通才，什麼都能做，都做得精巧實用。黑黝黝的檳榔板，一片一片的拼裝成牆壁，做成桌椅、課桌和床鋪。一塊木板，加工後釘上一條布帶子，即成木板拖鞋。還有同學精製了樂器、笛子、二胡，都做得惟妙惟肖，有同學演奏起來聽著音色還真不錯呢。在校園後方小河邊，有同學們自耕的菜園，那片特有的碧綠，帶給人心曠神怡，坐在菜畦邊讀書，倦了站起來澆澆水，現在回想起來那耕讀的田園生活，還真有不少詩情畫意哩。而我們經過在越南近四年集中營生活的洗禮，培養成我們自重自強、奮發向上的人格特質，影響同學們的一生……

自從有了政府的接濟，大家有能力買些布料和針線，我們女同學在課餘還忙些女紅，給男同學們補衣服，縫床單，給自己做雙合腳的鞋子，或縫製件別緻的衫褲，大家也知道愛美起來了。此時的衣食住都向著文明跨進了一步。

有一件事，此時想起來還讓人心悸。也是我要特別感謝男同學的。那就是男同學為我們女生做警衛的事。我們初到富國島時，因四處的人都向著這個島上集中，環境也逐漸變得複雜，不少人的精神失常，營區中常會發生些不測的事，特別加重了校長老師們對我們女同學的操心。茅屋的門窗本都是虛設的，並不能防賊防盜。心理上就失去了安全感，加上多種傳說紛紜的壞事，夜晚我們宿舍裡常有驚夢，不是有人說壞人衝門而入，就是有人說窗口上有個向裡張望的怪人。凡是這些事情發生時，一整夜校長老師和我們都不能安睡。我們所感受到的恐懼，實在難用筆墨形容。

為了我們的安全，女同學分班輪流在室內值更。為了給值更的人壯膽，室內需要點著一盞燈。樹條編成的牆壁有了光線，室內自外面看來一覽無遺，於是再設法把燈放在一隻大鐵桶裡，讓一團圓光直射屋頂。想到守夜，我們就啼笑皆非，熟睡中被前一班人推醒，真可說是苦不堪言。人還在半昏睡狀態，全身癱軟得筋骨都似融化了。但使命責任又使你非張大眼睛做出精神百倍不可。守著那個大鐵桶。無情的睡意，使身子常會不自主的左右搖晃。但又不得不強作出清醒的模樣，心一直在狂跳。

好不容易挨過了這段時間，輪到自己叫醒另外的人時那個熟睡的人更如一灘泥。拉起來，一放手她又縮成一團。「輪你了，輪你了。」她也會應著說：「我醒了，我醒了，你睡吧！」話一停，她的鼾聲又起了。幾個回合，你自己的睡意也全跑了。

為了嚴加戒備，老師們再加派男同學分別在外面巡邏。他們沒有禦寒的衣服，上身披條破麻袋，一條短褲，下面光著兩條腿腳，一條長木棍是他們自製的長矛。守夜時，他們人人勇敢得像個武士。抗拒着寒意襲人的海風，忍受着深夜的飢餓。他們從沒有半句怨言，患難中大家的情誼，比兄妹姊弟還濃。

儘管有著這些煩擾身心的事，這段讀書的生活仍算是最安定了。校長老師們不辭辛勞地加緊我們的課業，於是人人都做著回台灣升學的美夢。希望使我們意志益堅，群策群力，大家迎著新的挑戰。

無限歡喜回台灣

皇天不負苦心人，回台灣的消息終於傳來。初聞喜訊，大家興奮得胸膛都要裂開了。激動地狂歡高叫，手舞足蹈，把能發出聲音的東西，都拿出來敲打，震天的響聲中，人人興奮激動得涕淚縱橫。

真的要回台灣了。四十二年六月四日，全校師生從駐地陽東步行到岕哆營區。六月九日乘小船駁運到從台灣開來的商船——海蘇輪上。翌日開航返回祖國。途中有風平浪靜時；在甲板上看日出日落，看大海裡的魚群飛躍，真是美不勝收。但亦遇到颱風，據說那僅是颱風邊沿掃過我們的船，風浪之大，海水打到船上越過甲板，像要把我們吞噬，船搖擺的厲害，十分怕人。我和同學們大多暈船嘔吐，不能吃東西，這也算是一段難得的海上經驗。

六月十八日到達高雄，我們終於回到祖國懷抱。岸上已人山人海，向我們揮手歡迎。藍天白雲，映著青天白日國旗及歡迎標語，隨風飄揚飛舞，自由的空氣，彌漫大地，祥和的氣氛，讓人感動、流淚！下船時，鞭炮聲，鑼鼓聲，歡呼聲交織，響起歡迎我們的樂章……

教育部派員來迎接並慰問我們。我們住進碼頭倉庫內，辦理入境手續。十九日乘夜快車北上，二十日晨到達台北火車站，站上已擠滿歡迎人群，大多是學生代表，以及河南鄉親。歡迎儀式後，由教育部，大陸救災總會安排我們住進了台北大直青年服務團。

二十一日，張校長子靜先生，甯長信、程亞輝、宋江濤三位主任赴教育部，接受程天放部長歡迎茶會。

二十二日，教育部假青年服務團與豫衡全體師生會餐，餐前程部長講話，對我們全體師生在烽火中輾轉流離，竟能弦歌不輟之精神甚表嘉許。

二十三日，青年救國團蔣經國主任親蒞青年服務團，慰問全校師生。

二十四日，河南同鄉會理事長楊一峰鄉長和河南籍立、監委，國大代表，社會人士等五六十人，來青年服務團慰問我門全體師生，並舉行盛大歡迎會。楊理事長及多位鄉親上台講話，語多溫馨，溫暖了我們遊子的心，這種親切的接待慰問，真讓我們有他鄉遇故親的感受。

二十六日，副總統陳誠召見張校長及甯、程、宋三位主任和學生代表，我和崔云芳代表學生。語多慰勉，並予茶點招待，令人感奮。

二十七日，總統蔣公召見張子靜校長，對本校師生顛沛流離，輾轉來台的精神，慰勉有加，尤其本校在留越期間仍能弦歌不輟之創舉，更是讚賞不已。

七月一日，甯長信老師發表〈不堪回首話播遷〉，介紹說明吾校流亡之經過，並於台北各大報刊出。

七月十三日，學校復校不成，張校長被聘為教育部編審。我們高三學生留台北升學，其他老師與同學皆由教育部派員陪同南下至彰化員林，入員林實驗中學編班就讀，教職員按專長教課及分派工作。

屈指一算已是六十一年前的事了，這不能只當它是一場夢。特別是面對著今天的每一位共患難的朋友，人人都為國家社會出力，並也創造出了自己的天地，有著自己的事業，也有著一個幸福的家庭，兒女個個均有成就，且多已升格到「祖」字輩了。

回憶前塵往事，歷經顛沛流離，飢餓、疾病，艱險苦難，槍林彈雨，九死一生，飽經戰爭洗禮及集中營的慘痛羈留。最後我們這一群莘莘學子，原為逃避國共戰亂，背鄉離井，雖然犧牲慘重，總算達到了我們為讀書為自由的宏願，也深信，沒有南逃，我們也絕沒有今天這樣好的成就，真要謝謝政府。

我們該說：「堅毅信心是成功的要訣，幸福全要靠自己努力去創造。」僅以以上兩語，願與我豫衡校友及其子子孫孫與親愛的讀者們共勉。

後記

一

為了讓讀者能進一步了解這所苦難學校、悲慘的學生，在南遷流亡過程中所遭受的一切危難，特別推薦在流亡路上一直照顧學生，以學生安全為己任的師長——甯長信老師，於一九五三年六月學校回台不久，撰寫的〈不堪回首話播遷〉一文，登載於台北各報刊，闡述國立豫衡聯合中學師生一路南遷流亡途中，所受水深火熱苦難情況，公諸於世。登出後引起各界人士的矚目，前來慰問、探訪、歡迎、餐敘者，絡繹於途。後因政府當時政策不復校、不建校，將本校併入員林實驗中學，學生按程度編班就讀，教職員以專長就任教職。

甯長信老師這篇〈不堪回首話播遷〉，簡述了豫衡聯合中學流亡期間的大事記，跋山涉水強渡關山的過程。師生如何死裡逃生，艱難困苦情況多所著墨。而本書作者則以其細膩婉約的文筆，深切刻畫苦難細節，入木三分，讀之猶如身臨其境，二者互補長短。將〈不堪回首話播遷〉併述本書之後，不但彰顯本書是文情並茂的文學著作，更顯示我豫衡聯中師生被羈困異國他邦，身陷絕境，尚能弦歌不輟，學生還能讀書，此非但係我國教育史上一段佳話，亦係我們豫衡聯中苦難師生流亡途中戰死、病亡、失散、被俘、不知所終者的血淚史。

二

本書原文是一本不完整的書稿，經何人，於何時送到聯經出版公司，聯經何以收下，因作者長期臥病，時間久遠，無從查考。

很久就聽說王臨冬學長有一本書要出版，但詳情不知，前不久作者才告訴出書這件事，大概因為我是豫衡聯中校友會負責人的關係吧。約二〇一三年底我和張珺、曹玉蘭、趙連發四位校友帶著照片赴聯經出版公司拜訪林發行人載爵，談出書的問題，才知送給聯經的書稿不完整，所以他們無法出版。至書稿暫存該公司。

作者王臨冬學長和她女兒劉綺君電話給我，要求我幫忙替她補寫全書未完成部分。經多次電話聯繫，考慮良久，多方想過，找誰來寫都不易，許多學能俱佳的學長們身體狀況都不佳，不便擔任，最後在多位同學應允協助下始同意幫他完成。

三

後來我給劉綺君寫了一封信，大意是：您請我替您母親完成她的作品——一本沒有書名，也沒有頭尾的書。經過閱審、整理、撰寫，耗時數月定稿，將上述需補寫部分撰寫完成，並全部交給聯經出版公司林載爵發行人。書名暫定為「不堪回首話流亡」，或叫「北燕南飛」，最後由出版公司決定，因為書名關係著銷售，必須多方考究，畫龍點睛，引起讀者興趣。

我寫的結尾部分，分二節約四千多字，文章寫好了，也交給出版商了。不過您母親精神狀況好時，如果她看到補寫的全文時，一定會有意見，有不同的想法、寫法，這是正常的，這一點要預先向您說明。

我是基於以下三點，才答應您母親和您的要求：

（一）、我們這些老同學，不是行動不便，就是眼睛視力不佳，能夠想，能夠寫的人不多，所以看看四周，想想這些情形，找人幫助還真難呢！

（二）、您母親寫這本書的故事，可說是我們大家共同遭受的命運，所以才有勇氣答應替她補寫完成，因為我也是這悲慘故事中的一人。怕的是您母親寫的太好了，我所寫的有損她的美譽。

（三）、有您這樣麗質天生、聰穎過人、學貫中西文化的姪女，在電話中要求我，我的確拒絕不了。更何況居住台北和平東路時看著您長大，我與您父母的關係尤其不同，拒絕不了您的託付。

不管怎樣，這件事對我來說已告一段落。還有您要不要給您母親寫些經歷自傳等，請從速決定，以便早日完成。另與出版公司有無其他事項商定，如有亦請盡速進行。

四

關於本書出版，因作者年老體衰，身體健康不佳，又遠居國外，各項意見之溝通諸多不便。加上時空變遷，社會、市場變化極大，以致遲滯多時，始能出版與讀者見面。但畢竟是一本好書，乃記述流亡學生的不朽之作。

至於書中部分內容，與附錄甯長信老師的〈不堪回首話播遷〉有雷同之處，實屬敘說同一事件的不同表達方式，審酌後並不影響本書之可讀性。

我們校友會校友，此次為協助王學長順利將書出版，都備極辛勞，但都樂見臨冬學長的大作能順利問世，所抒發的不是她一人的心聲，是由南陽隨政府南遷的國立豫衡聯中五千多位師生共同的心聲、哀嚎。坊間有某作家出版的大江大海，一時曾發生洛陽紙貴，但其中所寫的流亡學生播遷狀況，是該書作者採訪而得部分資料，然臨冬學長之著作，所抒發者是親耳見聞，其文學及歷史價值均高，本書珍貴之處在此。

我們受過大時代戰亂之洗禮，深知其慘苦可怕，所以希望全世界永遠和平，遠離戰爭。

徐榮璋、郭至卓

二〇一九年五月

附錄

不堪回首話播遷

甯長信

背鄉離井求自由

民國三十七年十一月四日，那個使我們永生難忘的日子。朔風雖然並不十分強勁，但天空灰濛濛的，萬物都被籠罩在灰黃色的塵霧中。河南南陽城內外十四個公私立高、初級中等學校——南陽中學、宛南高中、景武高中、南陽女中、南陽師範、南陽農職、南部中學、復興中學、宛錦中學、大道中學、南陽簡師、西滿女中、南陽縣職、園藝職校等——師生五千餘人，奉命撤退離開溫暖的家庭，流著眼淚辭別父母而隨軍向遼遠的江南撤退。

同學中年齡較長者不過十九歲（高三），幼小者只有十二、三歲（初一）。第一次離開家庭，每個人背上揹著一個小小的包袱，裡面包著的只是幾件換洗衣服，幾本常用的課本，還有父母無盡的掛念和重覆的叮嚀。學校起初隨軍行動，時緩時速，腳底磨出一粒粒水泡，每走一步就有一陣刺心的疼痛。但誰也沒有後悔，沒有抱怨，同學們相互攙扶著，不分晝夜，終於到達當時的第一站，暫住在襄陽城西二十餘華里的廣德寺中。

廣德寺毗鄰隆中，隆中是三國時代諸葛亮隱居之地，山水秀麗，給予我們這一群初離家園的遊子一個暫時歇腳的處所，緬懷昔日先賢「鞠躬盡瘁，死而後已」的精神，更堅定我們高昂壯烈的志節。

徐蚌戰後，十二月中的一個風雪交加的黃昏，師生沿著襄沙公路，再度倉皇南奔。天不作美，雪越下越大，一連就是三四天。積雪掩蓋了道路和溝圳的界限，我們深一腳淺一腳的冒雪前進，體溫融化了身上的積雪。北風又立刻凍結了那剛融化的水，眉髮上全結成冰球，衣服變成一個堅硬的甲殼。天晴了，雪融了，滿地泥漿，走在路上一步一跌，沒有一個人身上不被蓋滿一片片如「印章」般的泥漿。

沿途行乞經鄂湘

好不容易脫離了砲火的直接威脅，但所攜帶的乾糧，都早已用盡，有的同學雖然尚剩有些微的路費，也沒有地方去購買飲食。經各學校負責人再三商議的結果，模仿行腳僧的辦法，分批分組沿途行乞。每天大約只走三、四十華里的路程，抵達預定地點後，各自選擇公路附近看起來較殷實的住戶，派代表去向老闆請求：「我們是流亡學生（每組四人或五人），沒有錢也沒有地方去買飯吃，可否可以給我們做一頓晚餐（白飯即可）？我們今晚就借住在您家柴房內或走廊上，明晨再打擾一餐，不論颳風或下雨，決不麻煩您第二天。」如遭拒絕，找第二家、第三家。不過大部分老闆都給予我們無限同情，他說：「我們也有孩子在外鄉讀書，現在不知流落何處？」他們拿家中很好的飲食給我們吃，甚至有許多老婆婆臨別時還流淚拉著手強贈路費，使我們感到人間到處都有溫暖。不過也有時候因找不到殷實住戶而挨餓一天兩天的。就這樣一步一步經自忠、快活鋪、樂鄉關、荊門、荊州、沙市等地而到達江南的枝江、宜都——當時還是兩個非常安定的城市。

政府對於青年學生的愛護，真使人衷心感動，在那種艱困的情形下，仍竭盡全力照拂我們，我們一到達江南，教育部杭部長（立武）便立刻派員給予物資的接濟與精神的安慰。並當即宣布各校聯合成立「教育部特設豫衡聯合中學」於湖南衡陽，敦請胡毓瑞先生做我們的校長，於是全體師生再次徒步經津市、常德、益陽、長沙而到衡陽，不料當時湖南省政當局，多方阻撓，不得已再由衡陽乘湘桂黔鐵路的運煤車抵冷水灘，轉至湖南西南角的零陵縣，在那裡覓妥校舍，正式復課，於是在動亂的時代中，我們又有機會安靜的讀起書來。

零陵復課慶收穫

「零陵」在中國文學史上曾留下過絢燦的一頁，凡是讀過柳宗元先生文集的人，尤其是永州（零陵）八記，誰不對那裡嚮往呢？的確，那秀麗的西巖，清洌的瀟水，奇卉怪石，澄潭幽泉，真給我們安排了一個再好沒有的讀書環境，在那裡我們全校共分為三部，分別借住在恬靜怡和的鄉間。高中部設於高賢村，師範部在李家橋，初中部人數最多，分住在何仙觀及彼岸橋。每天，起床的號角帶來了黎明的訊息，五千多位精神煥發的孩子，按部集合在操場上。

風竹替我們敲著拍子，國旗在歌聲悠揚中徐徐升起。課堂上，教科書全憑同學們在課前互相抄寫，文具亦因陋就簡，儀器更不必談。但老師仔細的講解，學生專心的學習，每個人的學業，都在突飛猛進。尤其是課外活動的時候，那形形色色的項目，蓬蓬勃勃的表現，幾乎使人忘記是在烽火瀰漫的時代裡。星期天來了，山巖上、竹木中、泉水旁、田畔間，到處洋溢著書聲與歌聲。「我們已經走了萬里路，現在該讀萬卷書了！」同學們這樣自豪的說。但是也就在這時候又已經隱隱聽到衡陽的砲聲，學校為安全起見，員生遷居於零陵城內文廟及對岸的柳子廟中，有一部分同學更基於義憤和愛國熱忱，毅然投筆從戎。

二次播遷話途間

當衡陽撤退的時候，我們的校長胡先生，因公正在桂林。他給我們來電說：「教育部要我們迅速遷校到貴州的遵義，我先一步去勘察校址，校務由高中部主任張子靜代理，並即率隊前來。」於是我們再一次開始長征，為了行動方便，分兩批出發，但當我們第一批剛剛通過必經要到黃沙河的第二天，共軍就占領了黃沙河渡口。所以全校只有我們二千二百多人進入廣西，其餘兩千多純潔的員生，都淪入共軍的掌控中。他們萬里跋涉，歷盡辛酸，結果竟逃不出被遣返的命運，這是如何痛心的事啊！我們又冒雨步行了五天，才到達廣西的全縣。再由全縣、桂林而柳州、宜山，沿著湘桂黔路北上。有時徒步，有時爬到火車的車頂上，唯恐從車頂上跌下來，大家用繩子將自己綁著，掛在車頂的氣窗上。天氣晴雨不定，雨來了，淋得全身濕透；太陽出來了，又幾乎被曬成肉乾，火車通過隧道時；更只能把身體貼緊車頂，稍一不慎，往往被隧道的岩石擠得血肉模糊。就這樣餓著肚子，淋淋曬曬一站又一站的向前推進。

貴陽道路不通，於是便不得不打算轉回柳州，然宜山路又不通，加之從桂林零星和我們同道出發北上的河南臨中等六個學校都已失散的消息，更使我們震驚和哀悼。這時候我們被困在一個叫金城江的小車站上。金城江車站右依高山，左臨溪谷，太陽略為偏西，大地即全被山影所籠罩，一片陰霾。居民全都跑光了，當地亂兵在附近射出零星的槍聲。此地既絕難停留，前進後退皆又不可能。這時候我們才真感到徬徨失措，進退維谷了！

師生失散於廣西

「山窮水盡疑無路，柳暗花明又一村。」正是我們這個時候的寫照，當我們進退兩難無路可走的時候，國軍九十七軍二四六團，恰好經金城江向百色前進，百色是通往昆明的大道，曙光又閃爍在我們的面前，於是便請求陳振西團長協助，蒙其允許得尾隨其後，但不幸的事仍然接二連三的到來。

大局的陡轉急變，半個月內使我們的目的地和路線，竟改變七次之多。不分晝夜的爬山，沒有休止的行軍，對我們這些只有十多歲而且已身心疲憊虛弱不堪的孩子，尤其是女孩子，是殘忍而無法做到的。將近半數的同學和年邁的老師，落伍在煙瘴的山谷裡，在人跡罕到的叢林中，在語言不通的苗洞區，我們如置身鬼域裡。當我們看到同學或老師在死亡邊緣掙扎時，便自動捧下背包去揹上他們，但那險峻的山路，急湍的河川，又迫使我們不得不把他們放下。當他們絕望的臉色，催促並鼓勵我們放下他們，急速前進以免同歸於盡時，天哪！誰能寫出我們當時心中的滋味，尤其在高陵、九頓和幾個不知名的地方，有的同學為流彈所中，我們眼看同行萬里的伙伴，呻吟在殷紅的血泊裡，可是連用一句話去安慰他們的機會都沒有，世界上還有比這個更殘酷更痛心的事嗎？遙念雲天萬里的故鄉，他們的雙親，也許正殷切的盼望著愛子的歸來，但哪裡知道連一堆黃土、一塊骨骸也永遠永遠無法尋找了！深夜裡，我們偶然有一個休息的時間，聽！多少同學在夢囈中呼喚他們已死的或落伍的同伴的名字，這時候我們已經隨著國軍在廣西省的西南部隆安、同正、崇善、龍津一帶迂迴了好幾個圈子而接近中越邊境的隘店關。正確的消息傳來，黃達雲將軍已與法人簽定「假道海防轉運台灣」協定，於是師生決定隨軍入越。

冒死突圍到越南

民國三十八年十二月十一日的早晨，我們這群將近一千個遍體鱗傷的師生，都以異樣興奮的心情，整理一下襤褸的衣服便隨軍出發，準備進入越南。此時陳團長特別告訴我們說：「軍長替貴校發給台灣陳主席（誠）的電，已得到了回音，陳主席對你們艱苦卓絕的精神，非常嘉勉，對你們由越南轉台灣復課的事，表示歡迎。」這真是一個值得狂歡的消息。「苦難終久要有一個盡頭。」我們都展開了久已不曾露出的笑臉，踏著結實的步子向前邁進，但又有誰會想到那黎明前的黑暗，竟會這樣悲慘可怕呢！

前面的隘店關，形勢險要，我們只好悄悄從關旁的山道爬越。山徑陡峭，榛莽蔽阻，約下午二時始至主峰公姆山之麓，天空正飄著細雨，突然密集的槍彈從前後左右四面射來。砲聲震潰了山巔，火花染紅了天際，顯然已經形成不堪收拾的局面。員生被俘的被俘，傷亡的傷亡，他們歷盡艱險，萬里跋涉，結果竟逃不出死亡的命運。我們少數幸運者滾進山澗裡，伏在荊棘間，顧不得身上跌破的斑斑血痕，顧不得頭上冰冷的雨滴，連呼吸都不敢發出地躺在泥水中挨過了一個恐怖的黑夜，直至第二天拂曉才偷偷爬起來。雨越下越大，風像利刃一樣隔著濕透了的衣服刺進肌骨裡。雖然前後三天沒有吃飯，但堅強的意志與求生的本能，支持著我們攀上了中越邊界的山巔。雨停了，腳下白雲翻滾，四望一色，遠處諸峰朵朵，僅露其頂，默想過此一步，即是異國。故國不知何時能歸？父母不知何時再見？百感交集，師生不禁相擁而泣。

艱難復課於蒙陽

進入越境後，我們清點人數，僅有張代校長及十多位老師一百多位同學了，回想員生五千餘人自南陽出發，至今所餘不到百分之五。「追求繼續求學」的代價，竟是如此慘重！法方對我們軍民學生一律以俘虜看待，在法軍指揮下，我們與其他軍民又步行了五日，到達一個煤礦的廢墟蒙陽。

蒙陽瀕臨海汊，是一片不毛的曠野，煤塊俯拾皆是，氣候極端惡劣。法方派黑人兵在四周守衛，國人如稍接近其崗哨，常遭辱罵毆打。沒有國家的保障，當然也就沒有了「人」的權利和「人」的尊嚴了，法方每日按口發糧，白米六兩，可煮兩餐稀飯維持生命，副食全無，飲水奇缺，從山腰接下來的泉水，都像攪了鐵鏽一樣呈現暗紅色的混濁，煮沸飲用，沒有一個人不感到腹中疼脹的。法方有時雖也用車子運來一些清水，但粥少僧多，員生很難擠到前面分得到手的。尤其法方食言背信，將我們長久羈留，回台遙遙無期，光陰飛逝，去而不返。青年學生之課業，豈可長此荒廢，於是在老師的領導下，胝手胼足，砍伐荊茅，建成了幾間極簡陋的茅屋，是寢室也算是教室。又得到附近宮門地方華僑捐贈的一些文具，於是宣布復課了。老師站在屋子中間口授，學生圍坐在雜草編成的地鋪上筆記，進度雖然很慢，但學習得卻非常確實，因為在那種環境下，誰都了解求學機會得來的不易，人人咬緊牙關，發憤努力。

輾轉遷徙至南圻

一連串的喜訊，接續不斷的到來，是民國三十九年四月下旬的一個晴朗早晨，我們忽然接到我國駐河內劉總領事的代電，對我們鼓勵備至，原來教育部和外交部已託他們照拂我們。同時河內法國當局也派一位梁翻譯官蒞校視察，當面答應解決我們的困難。接著教育部三次來電安慰，員生誰不為之感奮呢？不久黃司令官與法方交涉，所有在越文教人員，皆得登記回台。我們馬上可以回到自己的國家了，每一個員生的臉上，都露出愉悅的笑容，急急辦妥了離境手續，由法方派船送至金蘭灣，專候赴台的交通工具。

金蘭灣位於越南中圻，港口崇山對峙，灣內形勢天成，二次大戰時日人曾加經營，山腹中鐵路縱橫，及其戰敗乃破壞而去。我們到達的時候，正是端陽節的前一天，先已有自雲南而來的國軍被羈留於此，法方駐一少校在此負責管理與補給，生活較在蒙陽時改善甚多，氣候環境亦佳，唯所謂回台灣云者，實在是法方一個大騙局，我們便只好耐心的住下來，等下去！

住下來當然必須要有個避風雨和上課的地方，於是老師們率領男生上山砍伐木材，女生則在校整理建地。尤其在國軍官兵大力協助下，一座相當寬敞的校舍矗立起來。屋頂是用茅草，牆壁是將野檳榔樹幹劈成兩半排列而成，並且用竹片和木棍做成桌凳，規模粗具，恰好教育部也寄來一部分教科書，不過數量太少，許多科目仍須抄讀，功課完全照部定標準進行，同學們每天都埋首在功課中，法方配發之食油皆不忍食用，而作夜晚讀書照明之需。「時代如此艱困，我們如果不好好用功，便對不起政府的照顧，師長的辛苦，更對不起在家鄉翹首期盼的父母。」這是我們每個同學共同的心聲。在金蘭灣，我們又成立了一個附屬小學。

四十一年四月，留越軍民皆奉令集中在南圻暹羅灣中的富國島，學校當然也必須跟著行動，於是再一次的搬遷，再一次建築校舍製造桌凳，時逢當地雨季，日夜下個不停，員生冒雨入山砍伐建材，島中央尚屬原始森林，毒蛇猛獸，隨地而有。尤其螞蝗猖獗，嗅到人體氣味，即從樹上紛紛落下，附體吸血，不飽不止，故入林前必袒背赤足，渾身上下塗抹肥皂，以為預防。其實那時我們也早已沒有多少衣服鞋子可穿，因為所有身外之物，沿途都已丟棄殆盡，隨身所穿，自然襤褸不堪，很多人將長褲截短用以補綴臀部的孔洞，將腰帶剪成數段，釘在木板上以為拖鞋，腳底更因久經磨練，幾乎可以履荊棘如平地。以一個多月的努力，加上國軍官兵的協助，竟完成一座工字形的茅屋辦公室和教室。周圍環繞六間寢室，廚房建在小河的對岸，河上便是師生全憑雙手搭建的克難橋。尤其用竹木做成巍峨的校門，更博得營區軍民一致的稱讚。八月上旬全部完工，中旬便開始四十一學年度的課程了。更可喜的是，校長在營區中敦聘了數位學有專長的學者來校兼課，以加強教師陣容，並接納軍中年齡幼小的戰士、軍眷和義民子弟來校就讀，一切都更為充實起來。

無限欣幸回祖國

我們萬里間關，冒險突圍，九死一生，全是為了完成學業，想不到因假道入越，竟被羈留了四年之久。四年，在異國集中營裡，真比四十年更要漫長啊！回憶民國三十九年十二月，梁漢代表至越蒞校，全體員生曾當面刺血上書蔣總統，請其代轉。政府因我們遠在海外，許多方面愛莫能助，但慰勉有加，對員生關懷尤無微不至。四十年耶誕節，正當舉世歡騰慶祝的時候，員生響應留越國軍的行動，為了向法國爭取回國的許可，在烈日炎炎的沙灘上坐著絕食三天。這種悲壯的行動，曾震憾舉世富有正義感的人士。

隨著我政府在國際地位的日漸重要，友邦對我們也逐漸的重視起來，補給大為改善，主副食比照法國士兵待遇，行動也稍有自由。

四十二年六月十日，在我們生命的歷程上，將永遠是一個光輝燦爛的標記。從這一天起結束了我們四個年頭的俘虜生涯，而登上返還祖國的輪船，晴空碧海，水天一色，海行九日，於十八日安抵高雄，祖國山河，映入眼簾，千百同胞在岸上向我們舉手歡迎。我們也顧不得船上的規定，竟一齊雀躍起來，四年來胸中的鬱結，跟著高聲的歡呼把悲喜交集的眼淚全頃洩出來。十九日夜乘車至台北，暫住大直青年服務團內。校長蒙總統、行政院長、教育部長等召見慰勉，另外各級長官，學者賢達，同鄉前輩也多來對同學諄諄訓誨，這真比我們讀十年書受益還大。七月十三日，除校長留部服務、高三畢業同學留台北升學外，其餘員生全由教育部派員陪同乘專車南下員林鎮，因為這裡——員林實中，是大陸來台同學的溫馨大家庭。

來實中後，老師按個人專長在校任教，學生皆按程度編入相當班級，我們追隨自由、繼續求學的目的，總算已完全達到，但這是多少血淚的凝聚啊！每當課餘之暇，風晨月夕，回顧六年的流亡生涯，實在不是「感慨萬千」所能形容。尤其那些在沿途落伍、被浮和傷亡同學的音容形貌，更時時縈繞在我們的眼前耳畔，當然，我們的這些痛苦和犧牲，在多難的國家整體來說，只是洪流中的一個微不足道的泡沫而已！但對我們這些親身感受的個人來說，卻是一道永生永世不能平復的創傷。

回首流亡路：1949外一章

2019年9月初版　　　　定價：新臺幣350元

著者	王臨冬
叢書主編	陳逸華
校對	施亞蒨
排版	極翔企業
封面設計	兒日
編輯主任	陳逸華
總編輯	胡金倫
總經理	陳芝宇
社長	羅國俊
發行人	林載爵

出版者	聯經出版事業股份有限公司
地址	新北市汐止區大同路一段369號1樓
編輯部地址	新北市汐止區大同路一段369號1樓
叢書編輯電話	(02)86925588轉5305
台北聯經書房	台北市新生南路三段94號
電話	(02)23620308
台中分公司	台中市北區崇德路一段198號
暨門市電話	(04)22312023
台中電子信箱	e-mail：linking2@ms42.hinet.net
郵政劃撥	帳戶第0100559-3號
郵撥電話	(02)23620308
印刷者	世和印製企業有限公司
總經銷	聯合發行股份有限公司
發行所	新北市新店區寶橋路235巷6弄6號2樓
電話	(02)29178022

行政院新聞局出版事業登記證局版臺業字第0130號

本書如有缺頁，破損，倒裝請寄回台北聯經書房更換。　　ISBN 978-957-08-5323-0 (平裝)
電子信箱：linking@udngroup.com

國家圖書館出版品預行編目資料

回首流亡路：1949外一章/王臨冬著．初版．新北市．
聯經．2019年9月（民108年）．256面．14.8×21公分
ISBN 978-957-08-5323-0（平裝）

1.王臨冬　2.回憶錄

783.3886　　　　108008069